「大東亜共栄圏」と日本企業

Hideo Kobayashi
小林英夫

社会評論社

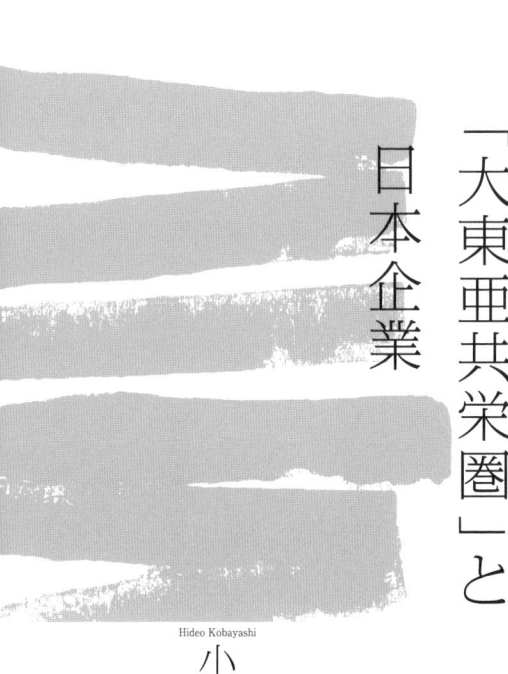

大東亜共栄圏と日本企業　目次

第四章 太平洋戦争への道

第五章　日本の東南アジア占領地経営——労務政策を中心に——125

序章　「大東亜共栄圏」内の植民地

日本帝国がその版図を最大に拡張した時期が、「大東亜共栄圏」の建設を呼号していた一九四一年から四五年までに他ならない。その範囲は、北はアリューシャン列島のアッツ、キスカ両島から南はチモール島まで、東はソロモン群島のガタルカナル島から西はビルマにまで至った。その面積は、七六五万平方キロに達する。現在の日本の国土の二〇倍を超える広さであり、人口は推定だが、四億七〇〇〇万人を超える。日清戦争以降周辺地域を植民地化しながらその版図を拡大し続けた日本帝国は、「大東亜共栄圏」のなかに、その究極の到達点を見出した。★1

「大東亜共栄圏」のなかには、樺太や関東州のように樺太庁、関東都督府・関東庁の統治下の地域もあれば、朝鮮や台湾のような総督府による植民地統治地域、満洲国のような「独立国」、蒙彊（旧綏遠・チャハル省）・華北・華中・華南・東南アジアの占領地もあって、その統治様式は多様であった。また、「大東亜共栄圏」のなかにあって、唯一占領されなかった地域に第二次世界大戦中の中立国ポルトガルの植民地マカオが存在した。同じポルトガル領であってもチモール島東部を含む全島は、オーストラリア攻撃の拠点として軍事占領を免れることはできなかったが、マカオはその地政学的位置ゆえに香港の機能を補完するために中立性が求められ、そのために日本軍の占領を免れた。したがって、本書では「大東亜共栄圏」内の地域を一括して植民地という表現で統一しているが、植民地・半植民地・占領地を包含した包括的用語としてこの表現を用いていることをあらかじめお断りしておく。

一八九五年の日清戦争後に台湾を領有して以降、一九四五年にアジア太平洋戦争に敗北するまでの約半世紀間、日本は東アジア植民地帝国として、この地域の政治・経済・社会生活に大きな影響を与えてきた。本書の目的は、植民帝国として活動した約半世紀間の日本植民地（朝鮮・台湾）、占領地域（満洲国・中国・南方地域）の経営史を総括することにある。

日清戦後の一八九五年から第二次世界大戦が終了する一九四五年までの約五〇年間にわたり東アジア地域を植民地化してきた日本帝国の歴史を振り返るとき、以下の二つの問題をまず考えたい。一つは、日本帝国の植民地支配を可能にし、かつ一九四五年までその支配を継続させたその条件は一体何か。二つには、その間、日本帝国は、いかなる課題を植民地や占領地に課し、誰がそれを推進したのか、それに対していかなる勢力がそれに抵抗したのか、その抵抗の条件と基盤は何だったのか、という点である。

この問題を考えるとき、過去の研究はこの課題によく応えてきたのか、という問題が生まれる。上記の課題に関し、その分析方法に関して、浅田喬二[★2]、村上勝彦[★3]、小林英夫[★4]らが一連の論稿を発表した。小林英夫は、土地支配、金融・財政支配、鉄道支配を三本の支柱とし、この柱の分析を朝鮮、台湾、満洲、中国関内、東南アジアで実施すべきであるという浅田氏の主張に対して批判を行った。浅田氏がかく主張する根拠は、「植民地支配のための三本柱は、日本帝国主義の全生涯にわたり、基礎構築のための三本柱として極めて重要な役割を果たした」（傍点筆者）からだというのである。小林の浅田「三本柱」論に対する疑問は、帝国の植民地支配をいかなるものとして考えるかという点なのである。つまり、日清・日露戦争以降太平洋戦争終結にいたる日本帝国の「全生涯」にわたり、この「三本柱」が植民地支配に不可欠だったのか、換言すれば、この「三本柱」で分析できるほど当時の日本帝国の植民地支配は強固で永続的な柱を設定できたのか、という疑問である。これまでの実証成果から、その答えは「否」である。

このことは第二の疑問につながる。浅田氏の論議は、この経済支配の「三本柱」の分析を踏まえて政治的支配の特質検討に向かうとしているが、★5 植民地支配の政治的特質はそうした方向で規定できるのか。強権的支配のもとで、政治的課題が前面に出る植民地支配を経済的特質検討から始めて政治的特質検討へと向かう形で把握できるのだろうか。この答も「否」と言わざるを得ない。

むしろ以下のように設定して植民地・占領地分析を行う方が、より有効であると考えている。つまり、帝国支配体制内で規定された選択の幅のなかで、日本帝国の政策、狭く言えば植民地政策は立案され、実施されるのである。それが帝国相互の対立まで内包する諸勢力との協調・軋轢のなかで次々と変容を遂げていく。その際の経済的支配を含む政策の柱は、その時々の植民地に課せられた課題で異なるし、また日本帝国の当面した課題によっても異なるのである。このように、ある段階で採用しえた政策が、次の段階では採用できなくなるような、そうした段階的差異を確定しつつ、そうさせた力の検討を通じて日本帝国体制の後退過程を描くこと、率直に言ってしまえば、浅田氏がいう「柱」なるものがいかに変動絶えないものかを描き出すことが我々にとって重要なのではないか。なぜなら、こうした後退過程を歴史的に描くことを通じて、一九四五年の日本帝国の崩壊までの跡がたどれるからである。

では、このことを明確にするためにはどうすればいいのか。植民地・占領地問題に限定すれば、次の二つの問題を考える必要があろう。ひとつは、日本帝国の植民地・占領地支配を可能にさせた条件は一体何か、という点である。そして、いま一つは日本帝国はいかなる課題を植民地・占領地に課し、誰がそれを推進したか、という点である。

前者、日本帝国の植民地・占領地支配を可能にさせた条件を考えてみよう。他の欧米植民地帝国より遅れて植民地支配に乗り出した日本帝国にとって第一に重要な点は、日本帝国の植民地・占領地支配に関する欧米帝国の公然もしくは暗黙の承認のいかんだった。台湾占領に対するイギリスの承認、朝鮮「併合」に関するアメリカ、イギリスの承認、さらには遼東半島領有に関する欧米諸国の承認のいかん、満洲国の承認のいかんはそれを指している。第二は、対象とされた植民地・占領地に対する軍事力による制圧と行政機構の確立のいかんだった。それはしばしば日本帝国正規軍によるゲリラ鎮圧という形態をとった。

軍事制圧を前提に行われたのが植民地での日本人統治者を頂点とする植民地行政機構の確立だった。その成否は、地方行政機構の改編による、占領前の土着政治経済機構の破壊と改編のいかんだった。鉄道、道路、港湾の整備や土地調査事業や中央銀行の設立と幣制統一事業、政治軍事財政権限の地方から中央への強制移行がその主たる政策だが、その最終目標は農村に根を張る土着政治経済支配の破壊・再編に向けられており、この事業の成否は、先に挙げた①欧米帝国による日本帝国の植民地・占領地支配に対する承認のいかん、②土着政治経済勢力の強弱および土着勢力の抵抗力の強弱のいかん、③それを鎮圧する日本帝国の軍事力のいかんにかかっていたのである。もっとも植民地の場合には日本人統治者を頂点とした中央・地方行政の確立が決定的に重要であったが、占領地では、統治は土着勢力に委ねて、むしろ鉄道、道路、港湾の整備や土地調査事業や中央銀行の設立と幣制統一事業といった経済的支配の浸透が重要であった。そして第三は植民地・占領地民衆に対する思想・文化活動の浸透のいかんだった。植民地・占領地民衆を日本帝国と反日側のどちらが掌握するか、だった。

しかし重要なことは、日本帝国と反日側の力関係に規定された諸事業が、ある段階では実施し得ても、次の段階になると実施しえなくなることだった。それはかつて一九世紀末から二〇世紀初頭の台湾、朝鮮占領時にはまがりなりにも具備されていたこれら①から③までの三つの条件が、次の第一次世界大戦から満洲事変以降になると次第に失われていったことだった。満洲事変以降は、欧米列強の承認を取り付けられず、軍事占領は円滑にいかず、領土支配はできないままに軍事占領と経済支配が先行し、その結果植民地・占領地支配もままならなかった。日本帝国の植民地支配の場合、積極的に軍事支配、領土拡張を行うことをやめて経済的支配、拠点確保に向かうというよりは、植民地支配ができない条件下で、領土支配や主権奪取を断念したというのが一般的な動きだった。戦前・戦中、日本帝国は、そうした植民地支配以外の、換言すれば「公式帝国」（ギャラハ・ロビンソン）的支配以外の別のシナリオを描き得るほどの強力な経済力も政治力も持ち合わせていなかったのである。したがって、植民地・占領地に課した課題も満洲事変以前と以降では違っていた。満洲事変前は軍事支配・領土支配を前提にした農・鉱産物資源確保にその主眼が置かれていたのが、以降は総力戦体制の構築が植民地を包含するかたちで推し進められるにともない、以前の課題に加えて、植民地工業化が重要な課題になってきたのである。こうした脆弱な支配力しかない段階で加重された総力戦体制の構築が可能だったのか否かが、一五年戦争下で問われるべき問題だった。

本書においては、大きく三つの時期に分けて考察する。第一期は日清・日露戦後期である。第二期は第一次世界大戦前後期、そして第三期は満洲事変から日中戦争、そしてアジア太平洋戦争期である。

［注］

（1）岡部牧夫「日本の植民地」、今井清一編『体系日本現代史』第二巻、日本評論社、一九七九年。

（2）浅田喬二氏の植民地分析の方向に関しては「日本植民地研究の現状と問題点」、『歴史評論』三〇〇号、一九七五年、同「日本植民地研究の課題と方法」同上、三〇八号、一九七五年、同「日本帝国主義と植民地問題——代表的見解の批判的検討」同上、三〇九号、一九七六年がある。なお、植民地支配史をいかに分析していくかに関しては、小林は、一九七〇年代半ばに浅田喬二氏といく度にもわたって方法論論議をおこなった。七〇年に自生的経済発展論をめぐり故梶村秀樹氏と論争し、朝鮮史と決別し日本帝国支配史研究に専念した小林にとって七〇年以降の最大の研究関心事は、この支配史をどう描くかであった。

小林が一九七三年に駒沢大学に就職して以降、小林の提唱で同じ大学の浅田喬二氏とは月一回の割合で小規模な植民地研究サークルを開催していた（後に植民地研究会となって発展的に拡大する）。一九七四年頃の月例会で、小林は試論として宇佐美誠次郎、細川嘉六、矢内原忠雄らの学説整理とその整理の視角として金融、土地、鉄道の「三本柱」で支配構造を分析すべきではないかという手法を提示した。出席していた浅田氏は、小林にレジメと報告論文の提出を求め、これを前提に小林の私案を積極的に受け入れて、七五年以降『歴史評論』に植民地研究方法論をめぐる上記論文を一、二年の短期間に矢継ぎ早に発表した。浅田氏の発表論文は、思いつき的な中間段階の荒削りな小林のものをより精緻に仕上げてくれたわけで、それは感謝すべきだし、それを活用してさらに研究を進めればいいのだが、しかしその静態的・固定的な仕上げには賛成できなかったので、浅田氏が歴史科学協議会第九回大会で行った報告に対しては、批判する側となって発言を行った。その批判は、佐々木隆爾氏が整理された同大会の討論要旨によれば、以下のようであった。

「……ついで、浅田氏の提起した日本植民地研究の方法をめぐる討論に移った。東京の小林英夫氏は、日本植民史を研究する場合、浅田氏のように『三本の柱』を設定するという表現の仕方をすると研究を進めるにあたって研究者の間で誤解や非弁証法的な傾向を生み出すのではないかと発言した。（一）土地支配といっても『満州』へ農業移民を送り出すための土地収奪と鉄道用地のための収奪では、同じ土地収奪といっても意味が違ってくると思う。日本帝国主義は世界資本主義の危機の進行と関連して植民地支配の力点や形態を大きく変化させることを余儀なくされたが、その中で土地収奪の様々の形態が生じた。それをたとえば『土地支配』と一括するのでは、歴史を『平板な流れ』としてしかとらえられない結果をまねくのではないか。（二）金融財政支配についていえば、『幣制統一事業』が例にあげられたが、この成功・失敗は単にその事業の問題ではなく、日本帝国主義の植民地支配機構の構築・農村支配がどれほど強固になされたかの指標となる事柄であり、土地支配・鉄道支配などがどのようになされたかの重層的関係を指し示すものである。これらを三つの要因として切りはなしては、歴史のダイナミズムを見失うことになろう。(三) 植民地史の研究の最も重要な課題は、植民地における農村支配の過程、特質、そこから生み出される矛盾のあり方の解明だと考える。その場合でも、帝国主義世界体制を規定する諸矛盾との関連を見落としてはならず、とくに植民地支配に対し打撃を与える要因を抗日民族解放闘争だけに一元化するべきではなく、全面的に分析する必要がある。『三本の柱』というと、この側面の分析も不十分になるのではないか」(佐々木隆爾「討論要旨」、『歴史評論』第三〇八号、一九七五年一二月、八四—八五ページ)。

以降小林は、この浅田氏が「提示」した「三本柱」論を乗り越えて新しい植民地分析の方法論提示に全力を挙げたのである。小林英夫の最初の著作『「大東亜共栄圏」の形成と崩壊』御茶の水書房、一九七五年はこうした論争の過程で生まれたのであり、そこでは、意識的に浅田氏の縦割り的な三本柱論と対峙して、朝鮮、台湾、満洲、中国占領地、東南アジアを包括的にとりあつかうための地域横割り的・段階論的方法論を採用したし、「一五年戦争と植民地」、石井寛治・海野福寿・中村正則編『近代日本経済史を学ぶ』下、有斐閣、一九七七年では浅田氏の「三本柱」論の批判を展開した。

(3) 村上勝彦「日本資本主義と植民地」、社会経済史学会編『社会経済史学の課題と展望』有斐閣、一九八四年。

(4) 小林英夫「戦間期の東アジア」、歴史学研究会編『現代歴史学の成果と課題』Ⅱ3、青木書店、一九八二年、同「一五年戦争と植民地」、石井寛治他編『近代日本経済史を学ぶ』下巻、有斐閣、一九七七年、同「帝国主義研究について考えたこと」、『歴史評論』三二六号、一九七八年。

(5) 前掲「日本植民地研究の現状と問題点」、一九七ページ。

第一章　日本の植民地経営の諸段階

はじめに

本章では日本の植民地経営の特徴を日清・日露戦後期、第一次大戦後、満洲事変・太平洋戦争期の三期に分けて概観する。この三つの時期では、領土拡張が一貫した課題ではあったが、明らかに異なる植民地経営が目ざされた。★1

日清・日露戦後期は、日英同盟の絆のもとで脆弱な政治・経済力しか持たぬ日本は、台湾、朝鮮、関東州、樺太の統治固めにその主眼をおいていた。そのうち台湾、朝鮮統治は、幣制統一事業と土地調査事業と鉄道を通じた統治機構の地方農村への拡大がその要の位置にあった。

第一次大戦後になると、日英同盟は終わりワシントン・ベルサイユ体制のもとで国際協調が叫ばれるなかで産業開発が重要課題となり、商業ネットワークの拡大とそのもとでの経済活動が重要な課題となった。たしかにこの時期ミクロネシアでは土地調査事業がおこなわれたが、それは統治機構固めというよりは糖業に代表される産業開発の前提的作業として展開された。この時期、港市型植民地・青島が出現した理由も商業ネットワークの拡大を除いては考えられない。

満洲事変を契機に国際協調が崩れ、世界全体がブロック経済と軍事拡張の時代に突入すると、日本もまた植民地支配の課題を軍需産業拡充の方向に向けた。この時期になると軍事占領もままならぬなかで強権的に軍需産業の樹立が推し進められ、それに必要な物資動員機構の構築が急がれるが、日清・日露戦後期に統治機構の基礎固めを終了し対日協力者層を一定程度作り出した台湾、朝鮮を除くと、多くの植民地・半植民地・占領地では物資動員が不可能なままにヤミとインフレ経済のなかに没入し、台湾、朝鮮もまた若干のタイム・ラグをもって同じ道を歩んでいった。以下三期に分けてその実態を検討しよう。

第一節　日清・日露戦後期

1　台湾・朝鮮の領有過程

日清・日露の両戦争を経て日本は台湾を清国から割譲され、朝鮮、樺太、関東州、満鉄付属地を領有し、植民地経営に乗り出すこととなった。しかしその領有過程は各地域で大きな差異があった。日清戦争の結果領有した台湾、日露戦争の結果領有した樺太、関東州、満鉄付属地と比較すると、両戦争にまたがった朝鮮の領有過程は長くかつ複雑であった。いまこの過程を台湾と朝鮮に代表させてみてみよう。

台湾では同島占領に際し日本軍が当面した最大の課題は、抗日武装勢力をどのように鎮圧して統治体制を構築するかであった。日本軍は一八九五年五月に台湾に上陸、六月には台湾総督府始政式を実施して統治機構を作ると同時に、軍は彰化、台南、打狗（一九二〇年、高雄と改称）と南下し、南部にいけばいくほど土着の抗日武装勢力に行く手をはばまれるなかで打狗を占領し、主要都市の制圧に成功したのは同年一〇月のことであった。しかし、その後も抗日武装勢力の活動はつづき、初代総督樺山資紀から二代桂太郎以下、歴代総督はその鎮圧に力を割くことを余儀なくされた。なかでも最後まで日本軍に抵抗したのは土着の地方有力者たちであった。彼らは砂糖、茶、米などの貿易を通じて富を蓄積し、私兵を擁してそれぞれの地方の村落を基盤に自治組織を有していた。主要輸出品のひとつである糖業の歴史は古く、日本が占領する時期までに島内の中・南部畑作地帯の大半が糖園として開拓され、これを原料とした在来製糖工場が南部を中心に多数存在していた。[★2] しかも生産量も一九世紀末までに推定五〇〇〇―七〇〇〇万斤前後となり、うち七―八割は中国大陸へ輸出されたという。[★3] 茶も島内北部の特産品で、北部の輸出品の四割を占め、一九世紀末には一五〇〇万斤に達し、その大半が中国大陸に輸出され、さらに香港経由でアメリカに再輸出されていた。[★4] 貿易の拡大とともに貨幣経済も大都市を中心に商品作物生産地帯で進展をみせはじめ、馬蹄銀などに代表される銀貨やさまざまな銀・銅貨が流通していた。[★5]

こうした貨幣経済の進展は、台湾の土地所有関係にも大きな影響をあたえていた。元来台湾は中国人の開拓により耕地化が進んだため、開拓をリードした墾戸（大租戸）が大きな実権を握っていたが、年とともに実質的な耕作者である佃戸（小租戸）が力をもちはじめ、彼らは現耕佃人に土地を耕作させて小租を取り、その一部を大租として墾戸、大租戸に収める事実上の土地所有者になっていった。一八八五年に劉銘伝が巡撫として台湾に着任して以降彼が実施した一連の改革は、台北を中心とする行政機構の構築、外敵から台湾を守るための軍備の拡充、鉄道、道路、港湾の整備といった一連の施策とともに、台湾農業の担い手である小租戸を納税者とすることで租税基盤を確保し税収の増加を図ると同時に、名目的となりつつある納税者の大租戸を整理していこうというものであった。[★6] この劉銘伝の土地改革の基本方針は、占領後の台湾総督府の土地調査事業に引き継がれていった。いずれにせよ日本は一年有余で台湾を武力領有し総督府の中央権力を築くことに成功したのである。

つぎに朝鮮をみてみよう。朝鮮領有への具体的動きは、一八七五年の日本の軍艦の武力威嚇（江華島事件）とそれによる「日朝修好条規」の締結に始まる。これを契機に、日欧米と結んだ不平等条約のなかで朝鮮の対外貿易は急増を開始した。朝鮮からみた主要な輸入品は綿製品で、輸出品は米、大豆、金地金、牛皮などであった。これらが開港場を中心に交易された。しかし、主要輸出品である米をみても、大量に輸出されるとたちまち米価高騰を生み出したことから判断できるように、台湾における砂糖、茶のような世界貿易につながる輸出余力をもった商品を朝鮮はもっていなかった。

一八八〇年代に入ると、朝鮮をめぐる日清両国の軋轢は政治的にも経済的にも強まり、経済的混乱と内政の動揺のなかで、一八九四年に日清戦争が勃発し、九五年の日本の勝利とともに台湾は日本に領有される結果となった。この間朝鮮では日本の干渉で成立した金弘集政権が一連の内政改革（甲午改革）を打ち出すが、日清戦争後にロシアの力が朝鮮に及ぶなかで中断していった。甲午改革は一八八四年の金玉均らの甲申改革とならぶ上からの改革であったが、同じ改革でも先の台湾の劉銘伝のそれが小租戸を支持基盤に名実ともに実施・推進されていたのと比較すれば、それを実現させる基盤はあまりに脆弱だった。

日清戦争後に朝鮮半島にロシアの勢力が拡大すると日露の対立は次第に先鋭化し、一九〇四年に日露戦争をむかえた。戦争のなかで日本は朝鮮への支配権を強め、貨幣整理を進め京釜・京義の幹線と馬山の鉄道を完成もしくは完成に近づけた。台湾では占領後におこなわれた幣制改革や鉄道建設などの政策が、朝鮮では日露戦争のさなかに着手・実施されたのである。一九〇五年日露戦争が日本に有利に展開されるなかでアメリカのフィリピン支配、イギリスのインド支配の代償として日本は朝鮮支配を承認され、乙巳保護条約が締結された。以降統監府政治の下で政治経済両面の日本支配は強まり、一九一〇年八月の「併合」をもって朝鮮は名実ともに日本の植民地となる。このように台湾の場合は権力掌握後にさまざまな施策が実施されていくのに対し、朝鮮の場合はさまざまな施策が権力掌握過程と並行して展開されていった。

2　土地調査・幣制統一事業

台湾、朝鮮においては占領後あるいは占領中に権力機構を村落レベルまで浸透させていくためのさまざまな施策が展開された。土地調査事業（林野調査事業を含む）による土地所有権の確定と地税賦課の整備と詳細な地図の作成、それを通じた末端権力機構の再編・掌握は、その第一歩であった。これらは日本の地租改正、沖縄の土地整理事業の経験やイギリスの植民地に対する土地政策をふまえて植民地で展開された。

台湾の土地調査事業は、一八九八年九月に臨時台湾土地調査局本部が開設されて以降、台北地区を手はじめに、漸次中部、南部へと進められていった。この事業は告示→各種帳簿作成→実査→各種測量の順で進められた。告示とは、その地区での調査開始宣言であり、各種帳簿作成とは、街庄長委員を総動員して「申告主義」にもとづき基礎台帳・書類を作成することであり、実査とは、それにもとづき実地調査をおこなうことであり、各種測量は、詳細な地図を作成することだった。

この事業は田畑、建物などに限られ、山林原野は対象外であったので、山林地帯である台湾中部山岳地帯は除外され、平野部である西部の水田地帯を中心に展開された。事業は台湾北部から南部にむけて調査がおこなわれ、一九〇三年一〇月には台湾全土の地籍調査が完成し、一九〇四年一一月には堡測図も完成した。この調査は占領間もない一八九八年から開始されたため、いたるところで抗日武装勢力の活動に直面した。にもかかわらず、この事業が推進されたのは、街庄長委員のこの事業への協力があったからであった。街庄長というのは地方行政事務を担当する下級官吏で、多くは日本の占領統治に協力してとりたてられた面々であり、委員というのは申告の取りまとめに協力した地主総代のようなものであった。街庄長委員が村落の支配権を確立し、彼らが土地調査事業に協力した場合、この事業は比較的スムーズに展開されたが、逆の場合には著しく遅滞もしくは混乱した。単に申請の取り纏めだけでなく、土地調査事業の最大の課題ともいうべき業主権確定の際にも、この街庄長委員はその紛争和解に重要な役割を演じた。通常業主権をめぐる紛争は、土地調査事業担当官が街庄長委員を通じて和解を勧め、和解が成立しない場合は地方土地調査委員会で審査し、その審査に不服な場合には高等土地調査委員会に申し出るシステムになっていた。しかし、紛争の大半は土地調査事業担当官や街庄長委員の手で和解に持ち込まれた。この土地調査事業の結果、小租戸を業主に認定し土地所有制度の近代化をはかるとともに財政的基盤を確立し、街庄長委員を中心とした地方支配体制を固めたのである[★7]。

なお、この土地調査事業の調査対象から除外された山林原野については、一九一〇年から一四年までの五年間に別途調査がおこなわれた。調査方法は土地調査の際と同様、申告書を取り纏め、地方林野調査委員会が審査し、不満のものは高等林野調査委員会に申し出るというものであった。この事業の結果、官有地と民有地の区分がおこなわれたが、総調査面積七八万余甲（一甲は〇・九七八町）のうち九六％が官有地に編入された[★8]。

朝鮮で総督府が最初に手がけた重要事業のひとつは、台湾同様土地調査事業と林野調査事業であった。目的も台湾と同じく土地所有権の確定、地税賦課の整備、地図の作成であり、「申告主義」にもとづいて土地所有権を確定していく点でも台湾のそれと共通していた。そしてこの申告書の取り纏めをおこなったのが地方庁の当事者や警察官、地主代表といった地方有力者層を含む地主委員会であり、この事業の結果、庶民地主、両班地主の土地所有権の確定と地税徴収の基盤が固まった。しかし、台湾に比べ独立国として独自の権力基盤をもち、領有が長く複雑なだけに諸外国の利害が錯綜していた朝鮮の土地調査事業は、「併合」前にその前史のひとつとして徴税機構改革を持ち「併合」後には外国人所有地の認知と居留地問題の処理を抱え、さらに国有地処理が中心問題になった[★9]。この国有地と関連した日本人移民導入問題とからんで、一九〇八年に東洋拓殖会社が設立された。こうした会社が台湾ではなく朝鮮で設立された理由も、この国有地の処理が関連していた。なお、山林に関しては朝鮮でも一九〇八年に森林法が公布され、「申告主義」にもとづく所有権の確定がおこなわれ、「無主公山」の国有林への編入がおこなわれ、一一年には森林法を廃止して新たに森林令を公布してその規制を強化していったのである。

土地調査事業とならぶ政策は、幣制統一事業の展開と中央銀行の設立であった。台湾では一八九七年四月に台湾銀行法が制定され、その設立準備がはじまった。その際台湾を金本位制にするか銀本位制にするかが大きな問題となったが、結局は銀を金として計算させて刻印付き円銀を流通させた。こうした論議のなかで台湾銀行設立の動きが積極化したのは、台湾銀行法制定二年後の一八九九年になってからであった。同年三月台湾事業公債法が制定され、土地調査事業や鉄道建設、港湾整備に必要な費用三五〇〇万円を公債で調達し、その公債消化に専売事業収入を充当することが決定されると、台湾銀行は公債発行の要の位置を与えられてその設立が急がれたのである。こうして一八九九年九月、台湾銀行は資本金五〇〇万円をもって営業を開始した。このように台湾での幣制統一と中央銀行設立は占領後の統治政策の一環として展開された。

いっぽう朝鮮でのそれはさきの土地調査事業などと同様、「併合」にむかう占領過程のなかで実施された。朝鮮では一九〇四年の第一次日韓協約の結果、韓国政府の財政顧問に就任した目賀田種太郎の手でいわゆる「目賀田改革」が実施されたが、その目的は葉銭、白銅貨といった銅・ニッケル貨類を整理し、第一銀行券の流通とその中央銀行化への道を準備し、中間取得者を排除する徴税機構改革をおこなうことだった。[★10]そこでは台湾と異なり、独立国を植民地化していく過程で韓国皇室財産の奪取と日本側への包摂が大きな意味を持っていた。これらの課題は一九一〇年の「併合」後の土地調査事業完成期にならないと完結を見なかったのである。

ともあれこうした台湾、朝鮮での幣制統一と中央銀行設立の動きが、中国を中心に東アジアを支配していた銀貨圏からの離脱を意味していたことは注目に値しよう。日本が一八九七年の金本位制移行をもって先鞭を付けたこの離脱の動きは、台湾、朝鮮が日本の勢力圏に包摂されることで拡大をとげたのである。

この銀貨圏からの離脱を促進し、あわせて村落支配構造を抜本的に変えるテコとなったものこそ、鉄道・港湾設備の整備とそれによる物流の変化であった。

台湾では占領以降、総督府が鉄道建設と港湾整備に着手した。一八九九年以降着手された鉄道建設は、一方で基隆から新竹、台中、嘉義へと鉄道線路を南下させると同時に、他方で打狗（高雄）から台南、嘉義へと鉄道線路を北上させることで、南北から鉄道建設工事を推し進め、一九〇八年に台湾中部で両者を合体させることで完成をみた。これと並行して北と南の玄関である基隆と打狗の港湾整備がおこなわれ、前者に関しては一八九九年以降、後者に関しては一九〇四年以降、拡張整備計画が作られ築港工事が進められた。鉄道・港湾の整備とともに在来経済を改編し物流を河川から鉄道中心に変えていく様々な施策がおこなわれた。代表的な施策のひとつは鉄道に有利な運賃政策を実施して物資の集荷に努めたことであり、いまひとつは関税政策によって香港、厦門向け輸出税を課することで銀貨圏の拠点港との結合を切断して日本との貿易関係を強化し、金為替本位制下に台湾を取り込んでいったことであった。[★11]

朝鮮でも銀貨圏からの離脱と村落支配構造の抜本的改編をめざした鉄道・港湾設備の整備がおこなわれた。朝鮮では一九〇五年に京釜線と馬山線が、一九〇六年には京義線が開通し、ここに朝鮮縦貫鉄道が完成するにともない朝鮮の交易は大きく変化した。当時朝鮮市場に適合的な日本綿布の生産開始にともないその製品がこの鉄道を利用して市場を拡大したのである。朝鮮南部の豊饒の地を縦断するこの鉄道の経済的効果が最も発揮されたのは仁川をめぐる日中間の商戦であった。すでに日清戦争と北清事変による清国商人の引揚げにより中国人の商圏は縮小していたが、この鉄道の開通の結果、ソウルと釜山の物流が増加し、中国人商人の拠点、銀貨圏の要所・上海と結合した仁川の比重は急速に低下し、逆に釜山の地位が上昇し、朝鮮の銀貨圏からの離脱が促進された。[★12]その意味でこの鉄道は軍事線であると同時に物資収集地を通過する経済線でもあった。しかもこの鉄道を利用して日本人商人が内陸に進出するに及び、日本人の商圏は村落と接触をもつことが可能になったのである。

しかし、村落構造を改編するという点でこの時期大きくその第一歩を踏み出したのは植民地化が朝鮮に先行していた台湾での糖業をめぐる日本の政策だった。当時の台湾総督児玉源太郎と民政局長(のち民政長官)後藤新平は、ジャワやハワイの糖業をベースに新渡戸稲造が作成した『糖業改良意見書』(一九〇一年)をもとに台湾糖業奨励規則により各種糖業奨励政策を展開すると同時に、製糖場取締規則にもとづき日本から進出した台湾製糖、大日本製糖、明治製糖、帝国製糖、塩水港製糖などの巨大製糖企業のために原料採取区域を設定し原料供給を保障した。もっとも、こうして設定された原料採取区域も、農民に甘蔗の作付けを義務づけるという、いわゆる強制耕作制度とは異なり、何を作付けするかは区域内の農民の自由にゆだねられていた。ただ甘蔗を栽培した場合にのみ必ず所定の製糖場にそれを売却することを義務づけていた。甘蔗にかわる有力な競争商品、例えば米などが登場した場合、たちまち原料確保の困難に直面することは容易に想定できた。後述する一九二〇年代半ば以降の「米糖相剋」と称された米と甘蔗の競合は、その出発当初から想定しえたのである。にもかかわらずこうしたかたちでしか耕作農民を規制し得ないところに当時の台湾統治の限界があり台湾在来経済の強さがあった。台湾統治の限界は同時にまた当時の日本植民地統治の限界でもあった。[★13]

ところで、この時期朝鮮でのみ実施された法律に会社令があったことを指摘しておこう。本法の狙いは、朝鮮に会社を設立する場合には朝鮮総督の許可を受けるべしという点にあった。当時の日本国内は届け出ればよいという「届け出主義」をとっていたから、朝鮮での「許可主義」は会社設立を規制する内容を持っており、現にこれまでは朝鮮人の会社設立を規制していく側面だけが強調されてきた。しかし、この法律が施行された一九一一年初頭から廃止される二〇年始めまでみると、この間の会社設立申請件数は七七八件、うち許可件数は六五二件、会社解散件数七件、支店閉鎖一件であり、許可率は八四％という高さであり、これから判断すると、本令は必ずしも朝鮮人の会社設立を規制したとは即断できず、どちらかといえば日本人および欧米人企業の朝鮮への進出を阻止する（「朝鮮化」）の意図をもっていたというべきであろう。[★14] 本令廃止は日本企業、欧米企業とりわけ日本企業の朝鮮進出の阻止条件を取り払ったのである。

3　樺太・関東州領有過程

日露戦争後に領有した地域に樺太と関東州・満鉄付属地がある。樺太は、樺太千島交換条約によりロシア領となっていたが、日露戦争末期の一九〇五年七月日本軍が占領し軍政を布いた。その後軍政を解除し、同年八月樺太民政署を設置した。日露講和後はコルサコフ（大泊）に樺太民政署を移して日本の内務省管轄下で統治を開始した。初代民政長官は熊谷喜一郎だった。民政署は、港湾鉄道の整備、アイヌやロシア人の帰属手続、戸籍制度や衛生施設の整備に努めた。農業主体の台湾や朝鮮と異なり樺太は漁業・林業が中心であったため、漁業権の整備や国有林野の設定が行われた。一九〇七年三月には樺太民政署は樺太庁に改組され、長官は樺太守備隊司令官の楠瀬幸彦が就任するが、〇八年四月には床次竹次郎に、そして同年六月には平岡定太郎に代わり内務省管轄下で日本国内並の位置づけが与えられた[★15]。

他方、関東州・満鉄付属地も日露戦争後に日本領有下に包摂された地域だった。関東州とは、山海関の東の地域を指し、日清戦後の三国干渉で清国に返還し、ロシアの借款地となった経緯があるが、日露戦後に日本の領有権が認められた地域だった。当初は関東総督府の下で軍政が布かれていたが、一九〇六年九月に民政に移行し関東都督府が設置された。児玉源太郎ら陸軍側は軍政の継続を主張したが、伊藤博文ら明治政府は欧米との協調を視野において民政への移行を推し進めた。都督府は外務大臣・陸軍大臣・参謀総長・陸軍教育総監の管理監督を受けることとなっていた。また満鉄付属地は、満鉄が行政を担当することとなっていたが、軍事警備は関東都督府にゆだねられていた[★16]。

このように、陸軍の直接支配が展開された台湾や朝鮮と異なり、関東州と樺太は、それぞれ内務省、外務、陸軍、満鉄が統治の内部を構成する形となっており、したがって朝鮮や台湾とは異なる統治組織を形成していたのである。

樺太の主要産業である漁業に関しては、占領前から日本人が所有していた漁場に関しては建網制度を採用しそれを優先的に許可し、それ以外のものに関しては競争入札を実施した。その結果、優先許可を受けたものは三三名、一〇八魚場、特許料六・二万余円、競争入札の魚場は一一二か所、落札額四八・二万余円に達した。[★17] 一九〇七年三月樺太庁は樺太漁業令を公布し、建網業は財産権として保障されることとなった。また樺太最大の産業である林業に関しては、一九〇七年三月の樺太庁改組前までは、全島をうっそうと蔽う森林の調査とその森林の保全のための伐採制限が主なものであった。[★18]

関東州の場合には、大連海関の整備、日本銀行券、朝鮮銀行賢の流通、学校教育の促進、撫順炭坑、本渓湖炭坑、廟児溝鉄山、鞍山鉄山の開発などが実施された。しかし、産業面での最大の企業は一九〇六年一一月に設立された南満州鉄道株式会社（満鉄）であった。満鉄は、満洲での大豆と石炭の輸送を担当し、撫順炭坑や鞍山鉄山などの主要鉱山を経営して、巨大な収益を上げるまでに至っていた。[★19]

第二節　第一次大戦後から満洲事変まで

1　ミクロネシア、青島の領有過程

第一次大戦を契機に、日本はミクロネシアと青島を占領した。日英同盟下のこの占領作戦は、多少の軋轢は伴いつつも英米の承認を取り付けたうえでの行動だったという点では、先の日清・日露戦後期の台湾、朝鮮占領の際と共通していたが、第一次大戦の主要な戦場はヨーロッパであって東アジアではなかったため、日清・日露戦後期の朝鮮、満洲とは著しく異なり、占領の際の抵抗は少ないかたちでおこなわれた。

一九一四年一〇月に日本海軍南遣枝隊は赤道以北のミクロネシアを占領した。赤道以南の旧ドイツ領地域はオーストラリアが占領するというイギリスの了解を取り付けた日本軍のミクロネシア占領作戦は一〇日足らずで終了し、事実上の無血占領であった。日本軍は早速軍政を実施し、そのもとで警察、司法制度を整え、戸口調査を実施するなどの占領体制を整備し、占領直後から日本語教育を開始した。占領直後からの日本語教育の実施という点は、ミクロネシア占領政策の大きな特徴であった。[★20]スペイン、ドイツと三〇〇年以上続いた植民地支配の歴史を背景に抵抗力を失った島民に対して、日本もまた日本語を軸とした日本文化の扶植に邁進したのである。民政移行中途の一九二一年の国際連盟の委任統治が決定されると内務省管轄下で二一年四月に南洋庁がスタートした。

他方、青島について日本軍は一九一四年八月にドイツに宣戦を布告すると同時に青島占領作戦を展開し、同年一一月にはドイツ軍を降伏させた。以降一七年九月末の民生部開設まで軍政が施行されたが、この軍政期間中に日本軍は警察・徴税機構の再建、戸口調査の実施などの一連の統治機構固めをおこなうとともに、海関を接収してドイツ総督府の基幹銀行だった独華銀行にかえて、一七年には朝鮮銀行青島支店を開行させた。一九一五年も半ばになると日本軍政当局は山東鉄道の営業運転を再開、産業復旧事業を開始し、それにあわせて内外綿、大日本麦酒、青島罐詰といった大企業から、雑貨商といった中小業者までが新占領地に進出した。[★21] こうして軍政から民政に移行する一七年九月末までに治安の回復とともに港市型植民地・青島の姿がクローズ・アップされはじめた。これまでの植民地は領土の拡大を目的にした領土拡張型植民地であったのに対し、青島は港市型植民地として貿易を軸とした商業拠点としての意味が大きかった。こうした港市型植民地が出現するところに第一次大戦後の特徴があったのである。

2　産業開発政策

第一次大戦後、大戦期に膨張した日本経済を維持・発展させるために、植民地経済開発と商業活動が積極的に推し進められた。[★22] この背景には日英同盟の終焉とワシントン・ベルサイユ体制への移行のなかでの、国際協調を重視する対外的条件があった。青島が港市型植民地として活動することが想定されたのも、マレー半島のゴムと錫の交易を軸にイギリスが作りだした「東南アジア域内交易圏」

への経済進出が目指されたのも、こうした国際的環境によるところが大きかったし、植民地あげて産業開発に取り組んだのも、そうした動きと連動していた。

典型は青島であった。ここが港市型植民地であることは前述したが、軍政期に続く一九一七年一〇月以降の民政期においても、ひきつづき商業拠点として、さらには綿業を中心とした在華紡の拠点としての役割が大きかった。占領後の青島民政庁が工場誘致政策を展開したことと関連し、戦後恐慌で生産が減少した紡績企業は、余剰精紡機を青島へ持ち込んだ。一九二四年末時点で青島に進出した日本の紡績会社は五社、七工場、一四万錘で、短期間のうちにトップの座にあった上海（八社、二六工場、八七万錘）につぐ在華紡第二の中心地に成長していった。★23 一九二二年に青島は中国に返還されるが、日本の商工拠点としての意義が少しも失われなかったことは、港市型植民地の誕生を象徴していたといっても過言ではなかった。

こうした港市型植民地と類似した日本人経済活動地域は、青島以外に中国、東南アジアの各地におかれた。東南アジアでの典型例は、石原産業による英領マレー鉱山への進出と関連したスリメダン鉄山の所在地パトパハであり、麻の栽培とともに日本人が多数移住したフィリピンのダバオであった。明治から大正にかけてゴム価格の高騰とあいまってゴム園経営者や労働者として東南アジアへ渡るものが多く、石原産業の創始者石原廣一郎とその兄弟もそうした若者の一人であった。彼らがマラヤに渡りゴム園経営に着手、失敗の後さまざまな仕事を経て偶然スリメダン鉱山を発見したのは、一九一九年のことであった。そして台湾銀行の融資をうけて石原産業の前身である南洋鉱業公司をパトパハに設立して鉱山を開発し鉄鉱石を八幡製鉄所に供給したのは、一九二一年の初頭のことであった。以降スリメダン鉱山からの鉄鉱石輸入は急増を開始し、一九二〇年代末には日本の鉄鉱石輸入量の四割近くに達した[24]。フィリピンのダバオにも日本人移民が定着した。ベンゲット道路が竣工するとともに失業した日本人はダバオ麻農園へと移住し、第一次大戦の麻価格の高騰とともに移民数が増加し、一九一〇年代末にはその数五〇〇〇余人に達したのである。戦後恐慌のなかで一時減少したものの、二四年以降増加を開始し、二〇年代末には「自営者」を中心に妻帯者数も増加し六〇〇〇名弱を数え、定着傾向を強めるにいたった[25]。

青島にみられる港市型植民地の誕生とならんで、この時期領土拡張型植民地も適地適材生産を求めて産業開発政策を活発化させた。その中核をなしたのは日清・日露戦後期からの朝鮮と台湾であった。

第一次大戦後、朝鮮では米を中心にした食糧増産がなされた。一九一〇年代には土地調査事業が展開され、それをふまえて二〇年代に入ると産米増殖計画が大々的におこなわれた。一九二〇年一一月から実施された当初の計画では、むこう三〇年間に耕種法の改善と灌漑の改善約四〇万町歩、開墾・干拓約二〇万町歩を実施目標に、第一期計画では一九二〇年以降の一五年間に四〇万町歩の水田の改良・拡張を助成し、耕種法の改善を図り、九〇〇万石の増産を達成してそのうち四六〇万石を輸移出しようというものであった。要する経費は国庫負担、政府斡旋低利資金あわせて総額二億三六〇〇万円余で、朝鮮総督府は機構を整備してこの推進をはかった。ところが二〇年代不況のなかで事業は予定通りには進行せず、一九二六年には計画が更新され、二六年以降一二年間に三五万町歩の土地改良を実施し、八二〇万石の米の増収を達成し、そのうち朝鮮内需要に充当される三〇〇万石を控除した五〇〇万石を日本に移出する計画をたてた。これに要する費用は、大蔵省預金部資金などを併せて総額三億五一六九万円。この事業の結果、朝鮮から日本への米移出は急増した。[★26]

朝鮮と比較し砂糖生産地であった台湾の場合はより複雑だった。この時期には従来の砂糖に加えて米の増産が要請された。台湾での田畑の耕地面積と甘蔗作付面積の推移をみると、第一次大戦期にピークをむかえた甘蔗作付面積は、一進一退をくりかえしながら二〇年代の半ば以降の蓬萊米の登場により漸次凋落傾向をたどった。蓬萊米の普及過程は同時にまた台湾での灌漑施設の整備過程でもあった。台湾総督府は一九二〇年以降灌漑排水補助金の大半を投入して台南州一〇郡一五万甲の耕地に灌漑設備を施し、ここを米糖両作物の生産地に転換する嘉南大圳工事をおこなった。[★27]米糖両作物の転換に迫られた台湾の場合、朝鮮と比較して大規模工事に対する政府の補助率が高く、直営工事がおこなわれた点に特徴があった。[★28]この灌漑施設の整備によって日本は台湾で甘蔗と米の二大商品作物の確保に成功したが、耕作農民の立場からみれば荷重な水租負担になやまされ、また農産物栽培の選択権を奪われたわけだからその不満は大きかった。

いずれにせよ、日本はこの時期に灌漑設備の整備事業を通じて、日清日露戦後期に果たし得なかった台湾村落レベルへの日本統治権力の浸透を図ることに成功した。朝鮮でも産米増殖計画による水利組合組織を通じて、これまた村落レベルへの末端権力扶植と対日協力者の育成の足掛かりをつかんだ。

樺太は漁業、林業といった在来産業に加えて、第一次大戦後になるとパルプ生産地として脚光を浴びはじめた。本州から北海道へと原料の木材資源を求めて進出した日本の紙、パルプ企業は、第一次大戦期に樺太に進出し、一九一四年に三井が大泊に工場を建設したのを手初めに（一九一五年に王子製紙に合併）、樺太工業が泊居、真岡、恵須取に、王子製紙が豊原、野田に、そして日本化学紙料が落合に、工場をそれぞれ建設した。★29 樺太に進出したこれらの企業は、樺太国有林野産物特別処分令などにより木材の独占的・安定的供給を保障された。さらに一九〇六年以降、大泊と豊原間に鉄道が開通したのを契機に、野田、真岡といった西海岸に鉄道が伸び、二八年には豊原と真岡を結ぶ東西線が開通し、その後、島の東海岸沿いに知取にむけて鉄道が延長されていった。そして一九二三年に稚内と大泊間の航路が開設されるにおよび★30、北海道との連携が強まり、全体として日本経済圏の一翼に包摂されていった。

関東州・満鉄付属地においては、大豆、石炭の輸移出が重要な意味をもっていた。満鉄の収益がこの二つの商品の荷動きに規定されていたことはそのことを物語る。大豆についていえば、栽培中心地の北満で収穫された大豆および大豆産品を、ハルビンから満鉄で南行し大連まで輸送するか、それともロシア、革命後はソ連が経営していた東支鉄道を使って東行しウラジオストックに輸送するかは、満鉄の収益にかかわる大問題だった。両者は運賃引き下げ競争をして大豆の集荷に努めた。一九一〇年代から二〇年代にかけての両港の輸移出動向をみれば、当初一〇年代は豆粕・大豆油に関しては大連が、大豆に関してはウラジオストックが優勢であったが、一〇年代末のロシア革命とシベリア出兵の結果、ウラジオストックの位置は急落し、それにかわって大連の位置が急上昇した。二〇年代に入ってウラジオストックはその力を回復するが、それも二九年の東支鉄道をめぐる奉天軍閥と旧ソ連の対立に端を発する「露支紛争」の影響をうけて輸出量は減少し、大連に大きく水をあけられたのである。[31] 一九二〇年代に大連が満洲大豆の集散地になるにおよんで、ここが港市植民地的機能をもちはじめたのである。

第一次大戦後に植民地となったミクロネシアは、短期間に砂糖生産地へと転換していった。すでに軍政時期から一旗組が砂糖業をてがけていたが、本格化したのは一九二一年一一月に松江春次の手で南洋興発が設立されて以降のことであった。南洋庁は砂糖業を軌道にのせるため、一九二三年以降、官民有地の区分調査を中心に土地調査事業を展開し、サイパン島を手初めにパラオ諸島、ボナペ、ロタ、ヤップ島へと事業を推し進めた。こうして官有地とみなされた土地は、次々と南洋興発の甘蔗用地として払い下げられていった。南洋興発の作付け面積は、一九二一—二二年度の八二五ヘクタールから一九二四—二五年度には二四九六ヘクタールにまで急増し、一九二七—二八年度には三二〇〇ヘクタールに拡大したが、そのほとんど全部が土地調査事業のすんだ国有地の払い下げであった。[32] この南洋興発の製糖栽培に日本人や朝鮮人農業移民が投入されたのである。日本人の多くは沖縄出身であった。ちなみに、一九三〇年代にはいると満洲農業移民が増加するが、彼らが長野などから水田や畑作耕作の経験をもって満洲に移住したのに対し、ミクロネシア移民は主に沖縄から甘蔗栽培の経験をもってミクロネシアに移住したのである。[33] なお、この南洋興発には朝鮮の東拓の資金が導入されたが、これは偶然のことではなかった。国有地の払い下げによる農業移民の導入という東拓の役割は朝鮮では実を結ばず、東拓の金融機関化とともにミクロネシアで具体的姿をとったのである。つまり台湾糖業の経験と朝鮮での東拓の経験がミクロネシアでドッキングしたのである。

第三節　満洲事変・太平洋戦争

1　満洲、中国関内への領有過程

こうした国際協調システムのうえに乗って展開されていた植民地政策が大きな変更をむかえたのが、満洲事変であり日本の満洲占領であった。満洲事変が勃発したのは一九三一年九月のことであった。柳条湖付近の鉄道線路を爆破した関東軍は、これを口実に奉天軍閥のこもる北大営を攻撃し、以降敗走する軍閥軍隊を追って奉天、吉林省を鉄道沿線沿いに侵攻し、さらに北の黒龍江省の主要都市と南の錦州を攻撃した。そして三二年二月以降、関東軍は連日のように新国家建設幕僚会議を開き、建国構想を論議した。そしてゲリラ軍が各地で活動していたさなかに、味方にしうる旧奉天軍閥系の将領を担ぎ出し、宣統帝溥儀を執政という名の傀儡にすえて、国際連盟派遣のリットン調査団が満洲に到着する前の三二年三月に満洲国の宣言を内外に宣言し、同年九月一五日に日本政府は満洲国を正式に承認して日満議定書に調印した。

この領有過程で注意すべき事が三つある。第一の点は、関東軍がそれまで朝鮮、台湾でおこなってきた総督による直接軍政という統治形態を放棄し、溥儀を執政にすえた「独立国」という形態をとったことである。コストのかかる軍政を回避し、圧倒的な経済・政治力で独立形態を保持した間接支配に向うというのではなく、直接支配が不可能なための間接支配への転換であった。満洲事変の推進に重要な役割を演じた関東軍参謀石原莞爾によれば、当初は満洲の直接的軍事占領、即ち台湾や朝鮮でおこなった総督統治を考えていた。しかし、事変勃発直後の九月二二日に石原を含む関東軍参謀たちの会談で作成された「満蒙問題解決策案」では、直接軍事占領構想は後景に退き、「宣統帝を頭首とする支那政権[★34]」構想が打ち出され、旧奉天軍閥系将領を抱き込んだ政権作りが目指された。「日本軍と真に協力する在満漢民族其の他を見、さらにその政治能力を見るに於て」、「昭和六年の暮に、それ迄頑強なまでに主張しつづけて居た満蒙占領論から完全に転向し[★35]」、「満蒙独立論」に変ったと石原自身述べている。直接占領では事変の収拾、満洲の国創りはできないと判断した、というのが本音であろう。その本音の裏には予想を上回る在満中国人の抵抗運動の広がりがあった。関東憲兵隊の調査でも事変直後の在満抗日勢力を二二万と推定し、事変勃発前の五万弱から四倍以上に拡大していたことを認めていた。しかもこの運動は欧米の反日運動と連動する可能性を秘めていた。元来、日清日露戦後期、第一次大戦以降期まで常に日本は占領開始前に英米などの国際的承認を取り付けてから作戦を開始していた。ところが、満洲事変ではそれを事実上無視して行動したのである。

第二点は、満洲占領が満洲占領にとどまらなかったことである。満洲事変の戦火は熱河省から万里の長城を越えて河北省へと広がり、日中戦争の遠因を作り出した。一九三七年七月に始まった日中戦争は、またたくまに中国全土を覆う長期戦となり、四〇年九月の北部仏印進駐、四一年七月の南部仏印進駐をもって対米戦争は不可避となり、太平洋戦争への道を突き進んだ。もちろんこの間、戦争がたえず継続したわけではなく、満洲事変から日中戦争の間につかの間の平時がはさまれるが、華北分離工作が歴史の裏面で密かに進んでいたように、基本的トーンは戦争の影が色濃く投影されるなかでの準戦時から戦時状況への移行にほかならなかった。この間重慶に後退した国民政府も戦時体制を固め、援蔣ルートを通じた英米の支援を受けて抗戦を継続した。この援蔣ルートを遮断するため日本は戦線を仏印に移動させるが、これが米英蘭との対立を先鋭化させ、日蘭会商、日米交渉を破綻に導き、一九四一年一二月の日米戦争へと突き進んでいった。こうして勃発した太平洋戦争が欧米の了解なくしておこなわれたことはここに改めて指摘するまでもなかろう。このアジア・太平洋戦争は日本の全面的敗北に終り、一九四五年八月一五日の植民地体制の崩壊をむかえる。

第三点は、日本側が掌握できた権力は中央権力だけで、末端はおろか地方権力も満足に掌握できなかったことである。満洲国においては省を基本単位としていた旧奉天軍閥時代の統治形態を改め、省の権限を中央政府に吸収して中央集権体制を作るとともに、県以下の行政機構の整備に着手した。中央政府はともかく、旧奉天軍閥時代においては自治に委ねられていた県以下の行政組織に、日本が統治のボーリングを打ち込もうとしても、短期間にできることではなかった。それでも県以下に日本人の行政官が派遣され、部分的ではあれ末端機構の改編が着手されたのである。[36]

それが日中戦争期になると、「点と線の支配」と称されたように日本軍が押さえていた地域は都市と鉄道沿線地帯で、農村部にはその触手をのばすことが困難であった。例えば県レベルでの動向をみた場合、華北でも華中でも日本の行政機構が機能しているケースもあればそうでない場合もあって、必ずしも安定した統治機構ができているわけではなかった。県公署が作られた場合でもその内実をみれば日本軍の手足となって働く中国人を見いだすことは華北占領地区でも華中占領地区でも希であった。また日本軍の補助部隊として各県に組織された自衛団についても、メンバーの多くは金品目当てであった。したがって徴税についてもその機構は未整備のままに終わらざるを得ないケースが大半だった。一般に中国では区長・郷長が郷村における政治を執行し、保衛団長を兼ねることにより、徴税と警察の二権を掌握していた。日本側が彼らをつかめない場合には徴税は絶望的になったのである。[★37]太平洋戦争期の東南アジア占領地域も、朝鮮、台湾と比較し末端機構の掌握が不十分だという点では、中国占領地域と大同小異であった。

2　蒙疆地区の領有過程

関東軍は日中戦争勃発と同時にチャハル作戦を展開、一か月足らずで山西、チャハル、綏遠の三省を占領した。三七年暮れには関東軍は撤収するが、駐蒙兵団が残留し、占領地域を支配した。一九三八年八月に北支那方面軍が編成されると駐蒙兵団から駐蒙軍に編制替えされた部隊は、その指揮下に置かれた。一九三八年一二月に興亜院が設立され、三九年三月にその蒙疆連絡部が設置されると、そこが中心となって日本と蒙疆地区の連絡調整を行った。他方現地では、日本軍の進駐と同時に三つの現地自治政府が設立され、三者間を連携させるために三八年八月に蒙疆連合委員会が強化された。一九三九年九月には三自治政府を統合した蒙古連合自治政府が設立され、主席には日本軍と協力してモンゴル独立運動を指導してきた徳王が、最高顧問には満洲国官吏などを歴任した金井章二が就任した。[★38]

3　軍事化・物資動員政策

この時期の植民地化政策の特徴は、国際協調が後退し、領土拡張をめざす軍事化政策が産業政策の基本として展開されたことである。しかしそれらの一連の政策は、当初の目的を達成できぬままにその終結をむかえたケースが多かった。

まず幣制統一事業と中央銀行の設立はどのようにおこなわれたのか。幣制を統一する場合の最大の問題は、金本位制にするか銀本位制にするかであった。前述の台湾の場合も朝鮮の場合も、最大の銀貨圏である中国との連携を断ち、日本との経済連携を強化するかたちで、金為替本位のもとに統一された。台湾の場合、当初は銀を金として計算させて銀貨を流通させたが、金為替本位制であることに変わりはなかった。

ところが銀貨圏の一部をなす満洲の場合は、当初から銀を本位とする官銀号が奉天軍閥傘下に活動していた。これを基盤に満洲国を建国することを余儀なくされた関東軍は、金でいくか銀でいくかで意見が割れ、激論の末、当面は銀でいくことが決定された。一九三二年六月、満洲中央銀行が奉天軍閥傘下の官銀号の準備金を奪取して設立されたが、それは銀本位で国幣を発行することになっていた。この国幣で三二年六月以降二年間にかぎって、旧紙幣との兌換、つまりは幣制統一がおこなわれた。一年延期して終了したこの事業の結果、旧通貨回収率は九七％に達した。★39 こうして国幣で通貨を統一した後、銀貨がアメリカの銀買い上げで高騰した一九三五年に、円元等価に持ち込んで金為替本位制に移行した。奉天軍閥の官銀号の資金を満洲事変直後に奪取したために強力な資金的裏づけをもって展開され、一〇〇％近い回収実績をあげた幣制統一も、一挙に金本位制まですすめることができず、占領後の四年間は銀本位制にとどまることを余儀なくされたのである。

しかし、この幣制統一事業も日中戦争期になると満洲におけるような成果をあげることは不可能となった。華北において日本軍は、一九三八年三月に中国連合準備銀行（通称連銀）を設立して連銀券による幣制統一事業に着手した。また華中占領地区でも三七年一一月以降、軍票使用に踏み切り、さらに三九年五月には華興商業銀行を設立して後述する国民政府の幣制改革で生み出された法幣の駆逐をもくろみ、そして四一年一月には日本の手足と化した汪精衛政権の基幹銀行として中央儲備銀行（略称儲備銀行）を開行し、儲備券による幣制統一事業に乗り出していった。しかしその結果は悲惨なもので、一〇〇％近い旧通貨回収率を記録した満洲での展開と異なり、華北・華中でのそれは数％の回収率に終わった。[★40] 日本側の幣制改革を失敗に追い込んだ最大の理由は、日中戦争勃発前の一九三五年に国民党が幣制改革に成功したことであった。英米のバック・アップをうけて実施されたこの幣制改革の成功によって国民政府は強力な法幣を擁することとなり、日本側の幣制改革の意図を粉砕した。[★41] そして太平洋戦争期の東南アジアでは、幣制統一事業そのものが実施できず、軍票の大量使用によってインフレを加速化させただけだった。

幣制統一事業とならぶ土地調査事業はどのように進捗したのだろうか。満洲においては一九三二年に民生部外局に土地局が設置されて土地問題の検討が開始され、三五年には臨時土地制度調査会が設立された。そしてその年に開催された同調査会で決定された地籍整理実施要領にもとづいて、三六年に国務院のなかに地籍整理局がおかれ、土地を調査し等級を付し所有者を審査決定する地籍整理活動が開始された。しかし、実際には実施初年度は準備活動に費やされ、三七年以降に着手された事業も、三八年以降は事業を速める必要から農耕地の調査についてはは航空写真でおこなうこととし、四一年以降は開拓用地、重要林野に限定した調査に終始した。こうした省略化、スピードアップにもかかわらず、一九四四年時点で辺境と黒龍江省は未着手のままで終わった。★42

華北・華中の占領地域になると、農村での旧慣調査はおこなわれたものの、ついぞ地籍整理調査に類するものは実施されなかった。太平洋戦争下の東南アジア地域になると、もはや旧慣調査もおこなわれないままに、連合軍の反撃の前に戦場と化していった。

このように日清・日露戦後期の台湾と朝鮮、第一次大戦後のミクロネシアなどでは土地調査事業がほぼ完全なかたちで実施されたのに対し、満洲占領においてはそれが中途半端なかたちで最後まで終了することなく終わり、華北・華中では旧慣調査にとどまり、太平洋戦争下では旧慣調査すらも事実上未着手に終わったのである。

占領作戦終了後の満洲で課題となったのは経済開発であった。しかし、この経済開発の中身は、一九二〇年代までとは大きく異なり軍需産業の育成と拡大にほかならなかった。満洲事変前は前述したように各地の自然的・地理的条件に適合した物品の生産が経済開発の要であったが、事変後は軍需産業の拡大が重要になった。満洲国の骨格が形成され統治機構が作られはじめた一九三五年頃から、石原莞爾らを中心にして「満洲産業開発五カ年計画」なるプランが作成、具体化されるが、この計画は軍需基礎素材産業の満洲での拡大にほかならなかった。

満洲では旧奉天軍閥が所有していた工業設備を敵産として接収し、これを特殊・準特殊会社として満洲産業の要に据え、「満洲産業開発五カ年計画」の中核的企業とした。日清・日露戦後期から一貫して満洲の政治的経済的中心企業だった満鉄は、こうした特殊・準特殊会社に対する出資会社として、日本からの対満投資の窓口の役割をもっていた。しかし、この計画は一九三七年の日中戦争の勃発とともに拡張され、日本や朝鮮、台湾を包みこんだ一大軍需工業化政策へと変容をとげ、その名も「生産力拡充四カ年計画」へと変更されていく。そして当面する戦争への対応と関連して、三八年以降物資動員計画が生産力拡充計画を包摂するかたちで展開され、計画と実績の乖離をうめるために日清・日露戦後期から植民地化が推し進められた朝鮮、台湾を筆頭に、樺太、ミクロネシア、そして満洲事変以降の満洲、中国占領地にいたるまで物資動員機構が作り上げられていく。これと同時に物資動員を円滑にするため、一九三七年九月には「臨時資金調整法」と「輸出入品等ニ関スル臨時措置ニ関スル法律」が公布され、金融と輸出入の規制がはじまり、翌三八年三月には「国家総動員法」が公布され、金融、輸出入に加えて労務統制を含む全般的な規制が開始された。これらの諸立法が公布されると同時に、植民地、半植民地、占領地区にも同様の法律が施行された。それらの地域を包摂しなければ統制の効果があげられなかったからである。この間一九三七年一二月には日産の満洲移駐にともない満洲重工業開発株式会社（満業）が設立され、同社が満鉄にかわり満洲重工業の基軸となっていく。

物資動員計画なるものは、日本（植民地・占領地を含む）全体の生産（輸入を含む）と消費（輸出を含む）の統制と管理を通じて、両者のバランスをとりながら軍需生産を効率的に推し進めることを主眼としていた。計画の目的が軍需産業の育成・拡大にあったとすれば、パイの分け前の冷徹な原理によって民間需要が犠牲となるのは時間の問題だった。民間需要の統制と管理は統治機構と表裏一体をなす物資動員機構を通じて、最末端においては隣組などを通じた配給制度によって展開された。この物資動員機構の強弱は統治機構の強弱によって規定された。日清・日露戦後期から第一次大戦後にかけて、村落レベルまで統治機構が整備され対日協力者層がある程度形成された朝鮮や台湾においては、その物資動員機構は強固であったのに対し、逆に日中戦争以降占領地となった華北・華中、太平洋戦争下の東南アジアでは、統治機構も満足に稼働しないなかで物資動員機構は脆弱であり、その中間の満洲では、産業別機構がそれなりに整備されるにとどまるかたちで軟弱に作り上げられていった。

しかも物資動員計画の大きさを規定する全体の生産量（輸入を含む）は、日中戦争の泥沼化と太平洋戦争突入による国際環境の悪化とともに減少し始め、目まぐるしく変化する状況に対応するため年間単位で立てられていた計画は、そのつど改定を余儀なくされた。パイの縮小にもかかわらず軍需産業を拡大しようとすれば、いきおい民間需要を犠牲にせざるを得ず、太平洋戦争に突入すると庶民生活水準は極度の低下を強いられることとなった。その生活の窮乏をもたらしたものこそ統治機構と表裏一体をなして作られていた物資動員機構であり、それが強固に機能していた日本、朝鮮、台湾などでは、不満を包みこむかたちで戦時統制が強行された。それ以外の地域ではそうした不満を包みこむ力もないままに、ヤミとインフレの経済が戦時統制の強化に比例して拡大し日本の植民地体制の崩壊を加速度化していった。★43

［注］

（1）一八九五年の台湾領有から一九四五年の「大東亜共栄圏」の崩壊までを三つの時期に区分し、日本の植民地経営をその視点から一九八〇年代初頭までの文献・先行研究を整理したものとして小林英夫「戦間期の東アジア——植民地研究を中心に」、歴史学研究会編『現代歴史学の成果と課題』Ⅱ、青木書店、一九八二年参照。

（2）クリスチャン・ダニエルス「清代台湾南部における製糖業の構造——とくに一八六〇年以前を中心として——」、台湾近現代史研究会『台湾近現代史研究』第五号、緑蔭書房、一九八四年一一月参照。

（3）臨時台湾旧慣調査会第二部調査『経済資料報告』上、一九〇五年、一三二—一三四ページ。

（4）同上書、五〇—五五ページ、一〇六ページ。

（5）台湾銀行『台湾銀行二十年誌』一九一九年、三二ページ。

（6）伊能嘉矩『台湾巡撫トシテノ劉銘伝』新高堂、一九〇五年参照。

（7）台湾土地調査事業については、臨時台湾土地調査局『清賦一班』一九〇〇年。同『臨時台湾土地調査局第一—五回事業報告』一九〇二年—一九〇五年。同『台湾土地調査事業概要』一九〇五年。江丙坤『台湾地租改正の研究』東京大学出版会、一九七四年。小林英夫「初期台湾占領政策について㈠㈡㈢」、『駒沢大学経済学部論集』第八巻二号、第八巻四号、第一〇巻一号、一九七六年九月、一九七七年二月、一九七八年六月参照。

（8）台湾総督府『官有地の管理及処分』一九三五年、一四ページ。

（9）宮嶋博史『朝鮮土地調査事業史の研究』汲古書院、一九九〇年参照。

（10）羽鳥敬彦『朝鮮における植民地幣制の形成』未来社、一九八六年。波形昭一『日本植民地金融政策史の研究』早稲田大学出版部、一九八五年、第一章、第二章第二節、第三章第四節参照。

（11）台湾総督府『台湾鉄道史』下、一九一一年、二六一ページ以下参照。台湾銀行『第一次台湾金融事項参考書附録』一九〇二年、一二六ページ以下参照。
（12）小林英夫「日本の金本位制移行と朝鮮——日中両国の対立と抗争を中心に」、旗田巍先生古希記念会編『朝鮮歴史論集』龍溪書舎、一九七九年参照。
（13）涂照彦『日本帝国主義下の台湾』東京大学出版会、一九七五年。
（14）朝鮮人に対する会社設立規制は、「併合」前におこなわれ、基本的にはそこで終了していたと思われる。なお会社令の実施状況と全体的動向については、小林英夫「『朝鮮会社令』実施状況」、駒沢大学経済学会『経済学論集』第二一巻第二号、一九八九年一〇月。同「朝鮮会社令研究——その実施状況を中心に」、同上誌、第二一巻第三号、一九九〇年一二月。小林英夫編『植民地への企業進出』柏書房、一九九四年参照。
（15）樺太庁『樺太庁施政三十年史』上、原書房復刻版、一九七三年。三木理夫『国境の植民地・樺太』塙書房、二〇〇六年。
（16）関東庁『関東庁施政二十年史』上、原書房復刻版、一九七四年。
（17）樺太庁前掲書。
（18）樺太林業史編纂会『樺太林業史』大空社復刻版、二〇〇五年。
（19）関東庁前掲書、金子文夫『近代日本における対満州投資の研究』近藤出版社、一九九一年。
（20）南洋庁長官官房『南洋庁施政十年史』一九三二年、一一二ページ以下。および、南洋群島教育会『南洋群島教育史』一九三八年参照。
（21）陸軍省『青島軍政史』第一巻—第五巻、一九二三年参照。
（22）第一次大戦期の植民地全域と東南アジアの日本の活動については小林英夫「日本帝国主義下の植民地（第一次世界大戦以降）」上、中、下、前掲『経済学論集』第一八巻第四号、第一九巻第一・二号、第二〇

巻第四号、一九八七年三月、同一〇月、一九八九年三月参照。
(23) 高村直助『近代日本綿業と中国』東京大学出版会、一九八二年、一一九ページ。
(24) 奈倉文二『日本鉄鋼業史の研究』近藤出版社、一九八四年、一一七ページ以下。および、石原産業株式会社社史編纂委員会『創業三十五周年を回顧して』一九五六年参照。
(25) 橋谷弘「戦前期フィリピンにおける邦人経済進出の形態」、『アジア経済』第二六巻三号、一九八五年三月、早瀬晋三『「ベンケット移民」の虚像と実像』同文館出版、一九九八年参照。
(26) 河合和男『朝鮮における産米増殖計画』未来社、一九八六年参照。
(27) 陳逢源『台湾経済と農業問題』萬出版社、一九四四年、八六、八七ページ参照。
(28) 羽鳥敬彦「植民地――朝鮮と台湾」、小野一郎編『戦間期の日本帝国主義』世界思想社、一九八五年、一四六ページ。
(29) 成田潔英『王子製紙社史』第三巻、一九五八年、五七ページ以下。西嶋東洲『王子製紙株式会社』紙業新聞社、一九三三年、一一五ページ以下参照。
(30) 樺太庁前掲書、一一七一ページ以下、および一二一七ページ以下参照。
(31) 満洲中央銀行調査課『満洲大豆並に其の製品事情』一九三五年参照。
(32) 南洋庁長官官房前掲書、三三四、三九五ページ。
(33) 南洋庁『第一回南洋庁統計年報』一九三三年、一六―一七ページ。
(34) 角田順編『石原莞爾資料国防論策』原書房、一九六七年、八五ページ、および九〇ページ以下参照。
(35) 同上書。
(36) 小林英夫「満洲事変と『満洲国』の成立」、小林英夫・福井紳一『論戦「満洲国」・満鉄調査部事件』彩流社、二〇一一年参照。

(37) 興亜院華中連絡部『江蘇・浙江・安徽各地施政概況』一九四〇年参照。
(38) 内田知行・柴田善雅『日本の満蒙占領』研文出版、二〇〇七年。
(39) 小林英夫『「大東亜共栄圏」の形成と崩壊』御茶の水書房、一九七五年、第二篇第一章、第三篇第二章参照。
(40) 同上書。
(41) 小林英夫「序章」、野沢豊編『中国の幣制改革と国際関係』東京大学出版会、一九八一年参照。
(42) 満洲国史編纂刊行会編『満洲国史』各論、満蒙同胞援護会、一九七一年、四八ページ以下参照。
(43) 中村隆英・原朗編『現代史資料 23 国家総動員1』みすず書房、一九七〇年、小林英夫前掲書、第四篇。小林英夫「一五年戦争下の日本経済――物資動員計画と生産力拡充計画を中心に」、駒沢大学経済学会『経済学論集』第一六巻第一号、一九八四年六月、山崎志郎『戦時経済総動員体制の研究』日本経済評論社、二〇一一年参照。

第二章　日本の植民地経営と企業——総力戦体制構築との関連で——

はじめに

本章の目的は、帝国日本の植民地経営との関連で、そこでの企業の活動実態を明らかにすることにある。明らかにする視点は、日本企業が、帝国日本の戦争経済構築にいかに関わったのか、あるいは関わらなかったのか、という点にある。換言すれば、第一次世界大戦以降陸軍を中心に構築してきた国家総力戦体制が、一九二〇年代から満洲事変・日中戦争そしてアジア太平洋戦争下の「大東亜共栄圏」内でいかなる姿をとってきたのかを企業という視点から見直すことにある。

本書では、第一章において日本の植民地統治が統治機構の整備→土地調査・幣制統一事業→道路・鉄道・通信網の整備→産業開発の順で展開されたことを指摘した。[★1] 本章では、視点を変えて政治的動きも包含し、かつ複眼的視角からの検討が可能な総力戦体制論的視点から再び帝国日本内での日本企業の活動を検討することを試みる。考察するに当たっては、総力戦体制論の視点からの分析ゆえに、その範囲は第一次世界大戦から説き起こすことになる。

第一節　総力戦構築と企業

本章の考察を進めるにあたって、まず総力戦体制なるものを明らかにしておこう。国家総力戦が大規模に展開された最初の戦いは、第一次世界大戦であった。なぜなら、この戦争には、航空機・戦車・毒ガス・潜水艦をはじめとして続々と新兵器が投入され、戦闘範囲も陸上のみならず空中から海中を含めた三次元の世界に広がり、ために前線と銃後の区別もなくなり、戦争の勝敗の帰趨は、軍事だけでなく政治・経済・外交・思想動員を含んだ国民の結束力いかんにかかり始めたからである。

したがって、交戦各国は、総力をあげて、軍事力のみならず政治的・経済的・外交的・思想的力を戦争目的のために動員すべく努力した。では、交戦各国の軍部がこの国家総力戦を構築するにあたって、最も苦労した点はどこにあったのか。換言すれば、第一次世界大戦で、交戦国となった英独両交戦国の総力戦体制作りを比較して、その成否を分けた点はどこにあったのか。結論を先取りして言えば、その決定的な分水嶺は、企業家と労働組合指導者を戦争遂行に協力させ得たのか否か、であった。

ドイツの場合を見てみよう。ドイツの総力戦体制の構築は、緒戦での西部戦線攻撃が失敗に終わり長期持久戦を想定した総力戦体制作りに取りかかる一九一四年九月以降にはじまるが、モルトケに代わり新たに参謀本部総長に就任したファルケンハインは、戦争目的への企業家の連携組織作りに苦しむこととなる。彼は、シンジケート化で鉄鋼業や化学工業の連携組織を作らなければならなかったが、それを個人的関係で作らなければならなかったことから機構が複雑化して、統一した規格の下で生産を実施することができなかった。しかも、ドイツは短期決戦を想定していたため、熟練労働者の前線への大量投入が実施され、しかも陸軍省が彼らの企業への復帰に積極的でなかったため、産業界の混乱は一層大きいものになった。

他方、ドイツと干戈を交えたイギリスは長期持久戦化した一九一四年一〇月に早くも軍需製品の取得・供給の全問題を考える委員会が設置され、この委員会には軍や政府首脳に加えてヴィッカースやアームストロングといった巨大民間軍需企業の代表が参加した。短期間に軍と民間軍需企業を網羅した委員会が設立できた点に、前述したドイツと異なるイギリスの戦時体制への移行の早さがあり、軍と軍需企業との連携の強さがあった。一五年五月には軍需省が設立され、ロイド・ジョージが初代軍需相に就任するにともないイギリスの軍需生産は軌道に乗り始めた。イギリスもドイツ同様、当初は短期決戦を想定していたので熟練労働者の前線への大量投入が行われたが、一五年段階に入ると軍需省の主導下で労働者の適正配置、労働組合との交渉も成功裏に終了し、軍需生産は軌道に乗ったのである。加えてドイツと異なり、植民地や自治領からの物資や兵員の動員もスムーズに展開された。ドイツは、Uボートによる海上輸送路破壊作戦を展開したが、成功しなかった。こうしてイギリスは、ドイツのような大きな混乱を生むことなく、総力戦体制の構築に成功したのである。★2

この事実は何を物語るか。第一次世界大戦が国家総力戦の様相を呈したこと、その変化にいち早く気づき、その対応策を上手にとったイギリスは、究極的に大戦に勝利し、逆にその対応策が上手にできなかったドイツは大戦で敗北に追い込まれたことである。その際の軍事動員の最大の障害は、軍と企業家との連携いかんにあったことである。国民を熱狂させて戦争に動員することは、困難な面が多々あったにせよ、この分野では、欧州諸国は長年の経験でなんとか切り抜けることが可能だったが、資源・産業・企業家の動員は、未曾有の長期戦かつ近代戦となった第一次世界大戦においてはじめての経験だったからである。利潤追求という企業目的が、戦争に勝利するという国家目的と合致しない場合には、いとも容易に企業目的を最優先させるという企業のこの、二一世紀の今日まで変わらぬ「性《さが》」をどうコントロールして国家目的に従属させるかが、総力戦構築に際し大きな問題としてクローズ・アップされてきたのである。

第二節　日本の総力戦構築の困難さ――「軍需工業動員法」――

第一次世界大戦後に各国の軍関係者は、こぞってこの新しい戦争の様相を研究し、来るべき将来の戦争に備えたことは言うまでもない。しかし、各国ともにそれがスムーズにできたわけではなかった。ましてや大規模な戦争の経験といえば日清・日露戦争しかなく、第一次世界大戦は、日英同盟のよしみで出兵したとはいえわずかな艦隊の地中海派遣に過ぎず、その見返りに山東半島の利権（青島は後に返還するが）と赤道以北のミクロネシアをドイツから獲得した日本では、総力戦のイメージを企業を含む国民全体に浸透させることは不可能に近かった。ヨーロッパ各国が経験した戦争の悲惨さや総力戦体制構築の困難さは、日本ではついぞ国民的体験とはならず、大戦は「大正の天佑」だ、という言葉が象徴するように「戦争は儲かるもの」という認識が広がり、日清・日露戦争とは異なる新型の戦争の意味を理解する機会を失ったまま、日清・日露戦争の経験が絶対化されていった。

　日本での総力戦構想や総力戦体制構築の遅滞はその事実を如実に物語る。陸軍の軍人たちの一部は大戦の新しさに着目しその研究に着手し、一五年九月には臨時軍事調査委員会が作られ、ヨーロッパでの総力戦の調査に乗り出す。そうしたなかから一七年には小磯国昭『帝国国防論』が、一八年には「軍需工業動員法」が制定され、二〇年には永田鉄山『国家総動員に関する意見』が生まれる。この過程は、国家総動員の必要性が一部の軍人の間で拡大するとともに、この過程の構築に企業を協力させることがいかに困難か、という大戦中に英独が苦しんだ問題も浮かび上がる。それは、「軍需工業動員法」の制定過程で現れる。この法律は、全文二二条から構成されていて、第一条から一〇条までは、主に戦時における動員体制を確立するための条文が、第一一条から一八条では平時における軍需工業の育成が、第一九条から二二条までは罰則規定が盛り込まれていた。特に第一一から一三条では工場・輸送能力・原料管理に関する政府の調査命令がうたわれていたから、この法律が審議された第四〇回帝国議会では企業活動の自由、企業秘密の保持が大きな問題となった。たとえば「動《やや》モスレバ不法ナル動員ガ行ハルト云フヤウナコトガアツテハ工業家ガ不安デアル」★3、「簡単ナ法律ヲ出シテ置イテ、アトハ勅令ニ依ルト云フガ『サーベル』ヲ差シテ之ヲ以テガチャ〳〵ヤラレタ日ニハドウ云フ風ニナルカ知レヌト云フ杞憂ガアル」★4という不満、不信に加えて、ついには軍事産業育成のための保護や「奨励ヲ断ルト云フコトガ出来マスモノデアリマセウカ[★5]」といった事実上この法律の適応に抵抗する余地を見出そうとする議員まで現れ、更にはなぜ、罰則を設ける必要があるのか[★6]といった発言まで議員の中から出てきたのである。こうした反対意見を生み出した背後には、この法律が工場に適用された場合、「工場ノ秘密ヲ発」かれる恐れがあったことである。審議過程で議員たちは「不心得ナル官吏」が「工場ノ秘密ヲ知リ得タ」場合、または、その官吏が企業秘密を知り、「第三者ニ其秘密ヲ伝ヘテ、第三者ヲシテ利益ヲ図ラシメタル場合」にどうするか[★7]、に大いなる関心を持ったのである。国会審議過程で企業家の意向を汲んだ議員から企業機密の漏洩の危機が訴えられ、結局二二条で企業秘密を「漏洩」もしくは「窃用」した場合厳しく罰する規定が盛り込まれたのである。このことは、この法律がいかに企業家の賛同を得にくかったかを物語っている。それは、企業家団体の日本工業倶楽部がこの法律に積極的賛同を示さなかったなかにも現れている[★8]。第一次世界大戦期シベリア出兵を目前に控えながらも、軍と企業家の連携がいかに形成されにくかったか、がわかろう。

第三節　一九二〇年代の総力戦準備状況

一九二〇年代にいたっても総力戦体制構築の準備は日本では遅々として進行しない。一つには、一九二〇年代は、第一次世界大戦の反省も色濃く、欧米のみならず日本も含めての軍縮時代で、二二年の「山梨軍縮」、二五年の「宇垣軍縮」に代表されるように軍縮が時代の主流を占めていた。したがって、総動員計画を立案・準備するため一八年六月に設置された軍務局、軍事評議会も二〇年五月には内閣統計局と合併して国勢院が設立されたが、これも「山梨軍縮」のなかで二二年一〇月には廃止され、二六年五月に資源局が設立されるまで、機構上は空白状況が続いた。二五年に実施された「宇垣軍縮」も飛行隊、戦車隊の新設など軍の近代化を進める要素もあるにはあったが、兵員の縮小が中心課題だった。資源局もさしたる成果もあげられぬまま政策決定の傍流に追い込まれて組織変更を繰り返し、本格的稼働を迎えるのは日中戦争下の企画院の誕生以降のことだった。二つには国際協調を捨てて日本と植民地を包摂した自給体制を作るには、二〇年代の日本の政治・外交・経済構造は対欧米協調体制にがっちりと組み込まれていたことである。大きくは「ワシントン体制」の下で政治・外交面で国際協調体制が作られていたし、経済面でも、日本の産業界を支配していた三井、三菱に代表される財閥は、鉱業、製造業（鉄鋼、造船、肥料、紡織）、商事、銀行部門などの企業群をその傘下に収めていたが、企業は相互に「依存関係もなくまた結びつきもな」く[★9]、つまりは国内での連携が乏しく、国際市場との連携を強く持っていた。たとえば、総力戦構築の軸をなす鉄鋼業に関してみれば、ついぞ鉄鋼一貫体制を構築することができなかった。一九二〇年代日本鉄鋼業は、低廉なインド銑の輸入を受け住友製鋼所、川崎造船、日本鋼管など非財閥系企業は鋼材の生産を拡大できたが、逆に銑鉄生産を担当していた財閥系の釜石製鉄所、輪西製鉄所などは低廉なインド銑の輸入攻勢を受けて銑鉄生産を減少させ、経営不振に陥り、結果としては鉄鋼一貫体制を作ることはできなかった。[★10]機械器具工業も、事業体数と生産額自体は増加したが、中小メーカーが中心で、規格が統一されず、精密機械工具は輸入に待つ状況だった。[★11]自動車産業にいたっては、二四年と二五年にそれぞれフォードとGMが全額出資の日本法人を設立し、アメリカから部品を輸入してノックダウン組み立てを開始し、販売店の組織化を実施した。両社の組立能力は当時としてはきわめて大きく、二〇年代末で一万台から二万台を組み立てているが、同時期の国産車の生産台数はわずかに四〇〇台前後にとどまっていた。[★12]爆薬生産と関連した硫安生産については、二〇年代の電気事業の拡大とともに三井系の電気化学、新興財閥の日本窒素、昭和電工を生み出すが、第一次世界大戦後に東洋市場に復帰したI・C・IやI・Gなどの巨大企業による外国硫安の対日輸出攻勢の前に肥料工業の育成を図ろうとする商工省と安価な硫安の輸入を促進しようという農林省の対立、三井物産や三菱商事の輸入思惑が重なって、十分な伸びを示すことができなかった。[★13]したがって、一九二〇年代に陸軍の一部の者が企図した総力戦体制構築の動きは、当時の国際環境と日本の産業構造の特性からして大きな進展を示さなかったということができよう。

第四節　総力戦体制構築と満洲事変

日本の総力戦体制構築の具体化は、「ワシントン体制」からの離脱と軌を一にする。満洲事変を契機とする総力戦構想の具体化がそれである。したがって、日本での総力戦体制の構築は、まずもって国内での政党政治の否定、軍部政権の樹立の動きとして現れる。三〇年代初頭から始まり三六年二月をもって終わる一連のクーデター計画と実施がそれである。しかし、この動きは、参加する人員が少数だったこととも関連して十分な成果を上げることができなかった。二九年五月国体変革を目的に陸軍の佐官クラスの五〇名で結成された一夕会や、三〇年一〇月に橋本欣五郎を中心に中佐以下の将校をもって構成された桜会もいずれも数十名規模にすぎなかった。血盟団事件は、陸海軍の青年将校や民間人、学生を入れても数十名にしかすぎず、五・一五事件ですら一〇名の海軍将校、一一名の陸軍士官候補生及び若干の民間人で決行されたし、最大規模のクーデターと称された二・二六事件でも将校、士官、下士官、兵を含めて一四七〇余名にすぎなかった。したがって、少人数による国体変革という彼らの戦略はいきおい政財界の要人の暗殺に走らざるを得なかったが、しかし彼らのテロ行動は、政党政治に終止符を打つ上で決定的役割を演じただけでなく、暗殺の恐怖のなかで、軍の意向を聞かぬ財閥の「転向」を生み出し、彼らを総力戦構想に組み込む動きに拍車をかけた。

他方、困難な国内での政権奪取方式をやめて対外戦争に打って出て、そこでの勝利の余勢をかって国内改造を実施すべしとする石原莞爾らの発想は一九三一年九月の満洲事変として現れる。石原によれば「国内ノ改造ヲ第一トスルハ一見極メテ合理的ナルカ如キモ所謂内部改造亦挙国一致之ヲ行フコト至難ニシテ政治的決定ハ相当年月ヲ要スル恐尠カラス」[★14]として国内改造優先型戦略を排除する。むしろ「民心ヲ沸騰団結セシムルコトハ歴史ノ示ス所」に着目し「我国情ハ寧ロ速ニ国家ヲ駆リテ対外発展ニ突進セシメ途中状況ニヨリ国内ノ改造ヲ断行スルヲ適当トス」[★15]と述べて対外戦争を活用しようとしたのである。短期間で満洲軍事占領作戦を成功させた関東軍は、翌三二年三月に満洲国の樹立を宣言する。占領当初の関東軍は、「財閥入るべからざる」満洲を宣言し、主要産業を特殊会社方式で組織したため、財閥の満洲経済進出は積極的ではなかった。つまり日本の場合は、テロの脅迫で表面上は軍の意向に正面切って反対はしないものの、いまだに軍と企業家との連携は三〇年代に入っても実現してはいなかったのである。

第五節　朝鮮で先行する軍と企業家の連携

こうした軍・官僚と企業家の連携は、日本本国よりは、まず朝鮮において進行する。その担い手となったのは新興財閥の日本窒素であった。

創業者の野口遵は、一九〇六年に曾木電気を立ち上げ、一九一〇年代にフランクカロー式石灰窒素製造法の特許権を獲得して九州水俣に拠点を構え窒素肥料生産を開始し、二三年にはカザレー式アンモニア合成法の特許を取得して、延岡の新設工場を中心に九州で電気事業と硫安を軸とした電気化学工業を展開した。しかし当時は、前述したように海外からの輸入硫安に押されて国内の肥料産業は厳しい状況に置かれていた。一九二〇年代末、トン当たり一〇〇円以上した硫安価格は、二九年の外国硫安輸入量の増加とともに値下がりし、三一年には五八円と約半値に下落した。

この時期外国硫安の輸入をめぐり日本では農林省と商工省が鋭く対立した[★16]。この背後には、第一次世界大戦後の硝酸爆薬製造業の民需転換にともない、二〇年代に硫安は過剰生産気味となり国際価格の低落を招いていたが、二九年の世界恐慌とそれにともなう農業恐慌により一挙に爆発したことがあげられる。それは同時に国際窒素カルテル協定の破綻と再編を生み出し、三〇年八月に新しい国際窒素協定締結の動きを積極化させた。この動きの一環として三〇年一二月末に電気化学工業社長の藤原銀次郎とハー・アーレンス会社社長のヘルマン・ボッシュの間で、⑴ヨーロッパカルテルからの二〇万トンの硫安輸入、⑵朝鮮窒素、昭和肥料、住友肥料、三池窒素の生産抑制を内容とした協定締結の動きを生んだ。結局、業者間対立のためこの協定は締結されることなく終わり、加えて三一年末の「金輸出再禁止」による外国硫安の日本への輸出条件悪化のため、外国企業は以前ほどは対日肥料輸出に積極性を示さなくなった[★17]。しかし後述するように日本窒素はすでに二〇年代末には朝鮮進出を果たし、朝鮮窒素を設立して活動を開始しはじめており、この協定が成立していれば、朝鮮窒素の活動は大きな制約を受けていたであろうことは間違いない。日本窒素は、国際窒素カルテルの動揺と再編の間隙をぬって朝鮮に進出したのである。

日本窒素は、一九二〇年代の厳しい国際競争のなかで、その打開策を求めて朝鮮進出を試みる。一九二〇年代朝鮮総督府が推し進めた「産米増殖計画」のなかで、二六年には肥料改良増施計画が立てられ、農事試験場、農会を通じた施肥奨励政策が展開されていた[★18]。日本窒素は、将来確実に朝鮮での肥料需要が拡大するという見通しの下で、その事業基盤を朝鮮北部に設定したのである。野口は、二六年朝鮮水電を設立して朝鮮北部の電源開発に着手することでその後の事業の飛躍的拡大の糸口をつかむこととなる。飛躍に当たっては、二七年に朝鮮総督に就任した宇垣一成を通じて三菱が所有していた朝鮮北部の電源開発権の譲渡を受けたことや、朝鮮銀行からの融資の特典を獲得したことがあずかって大きかった。長津江の水利権を受け取る際に三菱と対立した野口は、それまでの資金融資先の三菱系金融機関との関係を絶って、時の総督宇垣一成の支援を得て朝鮮銀行と日本興行銀行との連携を深め、事業拡張を展開することとなった。[19]二七年に朝鮮窒素を設立した野口は、朝鮮総督府の「工業化政策」の推進役を任じて、彼らと連携し、一体となって一九三〇年に朝鮮北東部興南に朝鮮窒素興南肥料工場を設立し、長津江、赴戦江を皮切りに鴨緑江支流の河川で電源開発事業を行った。前述した三〇年末の国際窒素協定の破綻は、野口の事業の障害を取り除く条件として作用した。野口は、電源開発を推進する際、朝鮮半島を西行する長津江、赴戦江、虚川江を東方へ流して朝鮮半島東辺の急峻な山地の急落差を利用して高電力を得る、最新の事業方式である「逆流方式」を採用し、そこで獲得した豊富な電力を背景に硫安事業を基盤に火薬類の生産や人造石油へとその事業と規模を拡大し、三〇年代朝鮮北東部の興南を中心に巨大な科学コンビナートを形成していった。

第六節　進行する軍と企業家の連携

しかし一九三〇年代も半ばになると朝鮮以外でも軍と企業家との連携が進みはじめる。起動役となったのは、満洲事変を立案し指導した元関東軍参謀の石原莞爾だった。彼は一九三五年八月の異動で参謀本部作戦課長に就任していた。この間、二六年五月に設立された資源局の下で資源問題を軸に、軍関係各庁と企業家との間で協議が行われ、戦時に備え物資を調達する体制作りの準備は行われていたが、[20]それを前提に計画を具体化する体制は整備されておらず、三五年当時でも「民間ニモ政府ニモ日本経済力ノ総合判断ニ関スル調査ナキ[21]」状況だった。作戦課長の石原は、この事態を知り驚愕し、「種々考慮の結果満鉄会社ノ諒解ヲ得昭和十年秋同社経済調査会東京駐在員タリシ宮崎正義ニ依頼シテ日満財政経済研究会ヲ創立」[★22]し、宮崎の指導下で総力戦計画の立案に取りかかるのである。石原が軍備拡充計画の立案を急いだ理由は、三六年以降ワシントン・ロンドン軍縮条約が期限切れとなり、世界的に無制限の海軍軍備拡張が開始されること、二八年以降のソ連の社会主義五か年計画が進展するにともない、同国の軍備拡大が顕著となり、ソ満国境の兵力差が一段と拡大することが予想されたことである。宮崎らは三六年八月作成の「昭和十二年度以降五年間歳入及歳出計画 付緊急実施国策大綱」を手始めに次々と計画案を作成し、同年一一月には「満洲産業開発五カ年計画綱要」を打ち出すのである。この間の最大の課題の一つが企業家をいかに軍需産業建設に協力させるか、だった。先の「昭和十二年度以降五年間歳入及歳出計画」は、「付緊急実施国策大綱」のなかで、経済の国家統制の必要性を強調し、「官（軍）、民の協力」、つまり官僚と軍部、民間企業家は一致協力して強力な軍事経済体制を創らなければならない、とした。具体的には産業の重要度に応じて、産業統制を、国営形態（電力・航空機・兵器産業など）、特殊大合同形態（石油・石炭・鉄鋼・自動車・化学）、企業組合組織（政府による行政指導）にわけ、政府機関や組合機関からの監督を受けるとしていた。[★23]その後宮崎らは矢継ぎ早に統制経済案を発表し、政府や財界要人に説明し、三七年には日満あげて統制を通じて軍需生産を基礎部門から充実させる「日満軍需工業拡充計画」を立案するにいたる。この計画を基に石原らは、日本の基礎からの統制経済完成に向けて三七年一一月には林銑十郎内閣を生み出し、つまりは一九二〇年代まで日本の「株主型資本主義」を廃して、国家統制色が濃厚な「統制型資本主義」への転換を模索したのである。

「満洲産業開発五カ年計画」の具体化とともに、「統制型資本主義」下での軍産結合は、満洲国へと拡大する。日産の満洲移駐がそれである。当時、鮎川義介率いる日産は、三〇年代前半、日本国内で企業買収を通じて、傘下に日本鉱業、日立製作所、日立電力、自動車製造などを有する巨大な持ち株会社に成長していった。しかし三五年に結城財政下で二重課税問題が発生し、プレミアム獲得のうまみを失ったなかで配当率が減少し、経営は苦境に陥っていた。そこで鮎川は、関東軍と満洲国の要請に応えて満洲移駐を決意し、三七年満洲重工業開発株式会社（満業）として満洲国法人に衣替えをして、それまで「満洲産業開発五カ年計画」を推進してきた在満主要企業の経営を引き継いだ。

満業はその傘下に製鉄の昭和製鋼所、本渓湖媒鉄公司、自動車組み立ての同和自動車、満洲自動車製造、石炭開発の満洲炭鉱、アルミナ、アルミニウム生産の満洲軽金属、鉱物資源開発の満洲鉱山、航空機の生産・修理の満洲飛行機製造などを収めていた。★24

第七節　日中戦争下の軍と企業家の結び付き

一九三七年七月の日中戦争の勃発とその後の戦火の拡大の中で、石原の軍中枢からの排斥と、基礎からの軍需工業の構築というよりは当面の戦争への軍需産業動員という課題の実現を目的とした「統制型資本主義」の実現が目指されることとなる。

日中戦争が全面化した一九三七年九月日本政府は、日本経済の貿易、金融、労働力の統制を目指して「輸出入品等臨時措置法」「臨時資金調整法」を、そして三八年四月「国家総動員法」の「戦時三法」を制定するが、その際にも企業家の反対の意向を汲んだ議員の発言は出てくる。軍需産業育成に金融機関を動員する目的で制定された「臨時資金調整法」の審議の際、一委員が「全般ノ会社ニ対シテ、幾ラ政府トハ云ヒナガラ無暗ニ行ツテ帳簿其他ノモノヲ勝手放題ニ検査ヲスル、其検査ニ応ジナケレバ五百円ノ罰金ヲ取ルノダ、何タル乱暴ナ法律デゴザイマセウカ★[25]」と反対した事実はその一例であるし、「国防目的達成ノタメ国ノ全力ヲ最モ有効ニ発揮セシムル様人的物的資源ヲ統制運用スル」（第一条）「国家総動員法」の審議でも、この法律が具体的細目はいっさい定めず、それは勅令によるところから「此案ハ全クノ白紙委任状デアル、吾々議会ガ白紙委任状ニ盲判ヲ捺シテ政府ニ捧ゲル★[26]」ものだという批判が出て、結局政府委員は「此総動員法ハ、之ヲ直チニ今施行シナケレバナラヌトイフコトヲ考ヘテ居ラナイ★[27]」と答弁せねばならないほどだった。事実、日本国内で「国家総動員法」が発動されるのは、日中戦争も中盤の武漢作戦前後の三八年八月の「学校卒業者使用制限令」が最初だった。国内では、総力戦体制は遅々として進まなかったのである。

他方、一九三〇年代後半になると日中戦争下で中国占領地は拡大する。日中戦争は一九三七年に勃発するが、日本が攻勢に出られたのは勃発後一年程度で、沿岸地域を一気に占領してみたものの、三八年秋の武漢作戦で力尽きて、長期持久戦に突入する。このあと、日本は占領地の経営に乗り出すが、そのために華北占領地域には北支那開発㈱が、華中には中支那振興㈱がそれぞれ設立され、これが持ち株会社となって、その傘下に占領地の「敵産」の企業や鉱山、運輸などがおさまって、植民地経営が展開されることとなる。この北支那開発、中支那振興は、ともに満洲重工業開発と類似の持ち株会社であったが、満洲と中国占領地のこれらの会社の違いは、前者が新興財閥日産と満洲国の合弁だったのに対して、後者は三井、三菱といった既成財閥が主たる投資者に上がってきていることである。その他蒙疆地区にも日系の特殊会社の蒙疆銀行、蒙疆電気通信設備㈱、蒙疆電業などが進出した。先の「戦時三法」にみられるように、彼らは、必ずしも軍に同意したわけではないが、軍の路線に歩調をそろえ始めた。★28

第八節　軍・産・官の抱合

しかし、三〇年代後半から四〇年代初頭にかけて軍・産・官の抱合が急速に進行する。一九三〇年代半ばからまず「軍財抱合」過程が進行する。二・二六事件以降高橋財政を継いだ広田弘毅内閣時の馬場財政、そして三七年二月からの林銑十郎内閣時の結城財政は、軍の要求に妥協に次ぐ妥協を重ねて、結局は軍事予算を膨張させていく過程に他ならなかった。またこれと歩調を合わせて「資本と経営の分離」が構想から政策レベルへと具体化を開始する。一九三九年に笠信太郎は『日本経済の再編成』を著し、そのなかで、利潤の統制、「資本と経営の分離」の必要性を大胆に問題提起した。笠によれば、「臨時資金調整法」や「輸出入品等臨時措置法」は、あくまでも「もの」の統制にすぎない。「もの」の統制だけでは統制は完成しない。それどころか、闇相場を生み出し、物価騰貴をもたらす。それを防止するためには利潤の統制までいかねばならない。具体的には経理の公開、利潤の上限設定、配当の制限が必要である。それも法令で統制するのではなく自治統制が望ましい。そのためには「実業家の姿勢が変わらねばできない」し「ほんとうの事業経営の専門家が尊重され、その国家的社会的な重大職能の上に立っているという自覚が尊重されねばならぬ」のである。[29]

企画院に集まった陸軍大佐の秋永月三、商工省総務課長美濃部洋次、興亜院経済部課長の毛里英於兎、大蔵省書記官迫水久常らは、近衛内閣の商工次官岸信介の指導下で四〇年九月には「経済新体制確立要綱案」を作成する。この案には、「資本と経営の分離」「配当制限」「指導者原理による企業経営」「奨励金制度の実施」などの企業形態の合理化案が盛り込まれていた。この案は岸信介と自由主義経済の信奉者で商工大臣の小林一三との対立を深める契機となった。両者の対立は両者の辞任で終結するが、この間着実に軍・産・官の抱合過程が進行する。

これと前後して、台湾でも一九四〇年代初頭になるが、日本の南進の動きが具体化するなかで、台湾の産業の軍事化が急速に進む。ここでも朝鮮同様水力電力の開発が機動力となって工業化が進行するが、同じ電気化学工業でも朝鮮の窒素肥料工業に該当する台湾の産業は軽金属工業だった。一九三五年三菱、古河、住友、三井、台湾電力の五社の共同出資で台湾高雄臨海工業地帯にアルミナを生産する日本アルミが建設された。この建設の背後には、一九三四年に台湾のこれまでの発電量に匹敵する日月潭第一発電所が建設され、高雄地区に送電されることでこの地域に豊富な電力が供給される見通しが立ったことや古河および海外協同組合合同で組織された日本アルミニウム・シンジケートと蘭印・ボーキサイト採掘会社の間で一九三四年長期原料供給契約が締結され、その結果ビンタン島産ボーキサイトの長期供給が確保されたことがある。[30]

第九節　「大東亜共栄圏」と日本企業

太平洋戦争が勃発すると緒戦の勝利を駆って日本は、開戦半年後の四二年六月までに北はアリューシャン列島のアッツ、キスカ島から南はインドネシアのチモール島まで、東はソロモン群島のガタルカナル島から西はビルマにいたる広範な領域を占領した[★31]。そして四二年六月には各地の軍政部を軍政監部に改組し、各軍の参謀長を軍政官に任命して本格的な軍政と占領地行政を開始した[★32]。占領地行政の基本は、開戦直前の四一年一一月二〇日に大本営政府連絡会議で決定された「南方占領地行政実施要領」で定められていたが、それによれば、「占領地に対しては差し当たり軍政を実施し、治安の恢復、重要国防資源の急速獲得及び作戦軍の自活確保に資す」ことにあり、「国防資源取得と占領軍の現地自活の為、民政に及ぼさざるを得ざる重圧は之を忍ばしめ、宣撫上の要求は右目的に反せざる限度に止むるものとす」としていた。つまり、日本軍の占領目的は物資獲得であり、その結果生ずる犠牲はあげて占領地の民衆に転嫁するというものであった。したがって、独立運動などに対しては「皇軍に対する信倚観念を助長せしむる如く指導し、其の独立運動は過早に誘発せしむることを避くるものとす」としていた。続いて一一月二六日付けの「占領地軍政実施に関する陸海軍中央協定」で陸軍担当地域は香港・フィリピン・英領マラヤ・英領ボルネオ・ビルマと蘭印のうちのスマトラ・ジャワとなり、その外郭地域が海軍担当地域と決定された。こうした大枠を前提に、開戦四日後の一二月一二日関係大臣会議決定の「南方経済対策要綱」では、経済施策が具体的に規定されていた。それによれば、はじめに重要資源の需要を充足することで当面の戦争を遂行し、かつ「大東亜共栄圏自給自足体制を確立」することをうたい、南方地域を「甲地域」と「乙地域」に分けた。軍政を実施するのが「甲地域」(フィリピン、英領マラヤ、英領ボルネオ、蘭印、のちにビルマ)であり、現地政権と協議する地域が「乙地域」(仏印、タイ)であった。そして「甲地域」での経済対策は、総則では、南方資源を中央の物資動員計画に織り込むこと、石油などの重要鉱物資源の開発に必要な物、人、金は陸海軍に割り当てること、不足物資は東南アジア占領地域内で調達するとしていた。以下、「開発」「通貨」「蒐貨・配給・交易」「輸送」に関する方針が提示されていたが、うち「開発」では、石油が最重点鉱物とされ、「初期、軍の直営とし、状況之を許す限り速かに民営に移行する」方針だった。他の鉱産物については「最小限の企業に依り、良好なる能率の下に最大量の資源を開発する」ために、企業者の選定に当たっては「一地点の資源開発は努めて一企業者の選任」とし、優秀確実で開発能力がある企業を選択することとしていた。[★33]

では、いかなる企業がいかなる形で選別されていったのか。企業選定に関しては、新たに新設された第六委員会がこれに当たるとされた。第六委員会とは、「南方諸地域(仏印、泰及其ノ他南方諸地域)ニ於ケル資源ノ取得及開発ヲ主体トスル経済ノ企画及統制ニ関スル事項ヲ審議立案スル」目的で設立され、この委員会で最終的に指定企業者が確定された。一般的には、指定企業者選定プロセスは、まず指定希望企業が陸軍省や海軍省そして統制団体を監督している監督官庁(主に商工省だが、木材関係なら農林省)に陳情することから始まる。陳情を受けた陸海軍省の腹案がまとまると第六委員会で予備的審議が行われ、その結果を陸海軍省は統制団体に諮問という形で商工省を通じて要請がなされ、

統制団体が指定希望業者を推薦するかたちで第六委員会で検討され、正式会議で最終的に指定企業者が決定された。[★34]

こうして選出された企業者を見ると大企業中心の企業選定であった。外務省外交史料館蔵『南方陸軍地区進出企業会社一覧（事業別）』によれば、東南アジア陸軍管轄地域（フィリピン・マラヤ・スマトラ・ジャワ・北ボルネオ）を中心に進出した企業は一二九〇（一社が複数の事業所を持つ場合には事業所数）で、その内訳は上位から工業関係五二五、商業関係二二四、農業関係一九〇、鉱業関係一三三、林業関係四九などとなっていた。[★35]この点で、岩武照彦は、「中小企業にも大企業同様門戸が開放されていた」[★36]と述べているが、それは実態に合わない。むしろ大企業に広く門戸が開放されていたとみるべきである。たとえば先の陸軍管轄地域進出企業一二九〇社（事業所数）のうち、三井系二四〇、三菱系一二五、住友系一三、安田系六、大蔵系三八、日産系五七、古河系一〇、浅野系一三、野村系四八で合計五五〇、全体の四二・六％を九財閥が占めていた。[★37]おおよそ二社に一社が財閥系企業の指定を受けたのである。また筆者の問題提起を受けて「資本類型別進出企業の概要」の詳細な検討を行った鈴木邦夫は、先の『南方陸軍地区進出企業会社一覧（事業別）』をさらに詳細に分析し、会社合計二八〇社、通牒数合計一二〇四通を「国策会社系」「配給・統制会社系」「十大財閥系」「大商社・準大商社系」「大企業系」「中企業系」「小企業系」「現地化大企業系」「現地化中企業系」「現地化小企業系」「不詳分」に分類した。その結果をみれば、会社数では「十大財閥系」が六七社（構成比二二・九％）「大企業系」が現地化分を含めて五八社（二〇・七％）、「中企業系」は同じく五八社（二〇・七％）、「小企業系」は同じく四一社（一四・六％）でこれに「不詳分」を「小企業系」とみなせば六八社（二四・三％）とほとんど変わりがなく、「十大財閥」から「小企業系」までほぼ同数の企業が受命を受けている。ところが、通牒数でみると総数一二〇四通のうち「十大財閥系」は五四九通（四五・六％）で半数近くを占め、これに「大企業系」の二二九通（一九・〇％）を加えると優に全体の半数を超える。反面「中企業系」は一五二通（一二・六％）で、これに「小企業系」一一〇通（九・一％）を加えても二六二通（二一・七％）で四分の一にも満たない数値である。[★38]つまりは、岩武照彦のいう「中小企業にも大企業同様門戸が開放されていた」というのは正確ではなく、筆者が言うように、大企業に広く門戸が開放されていたとみるべきであろう。

おわりに――軍産結合の到達点――

本章の課題は、日本企業が、戦争経済構築にいかに機能したのか、あるいは機能しなかったのか、を明らかにする点にあった。換言すれば、第一次世界大戦以降陸軍が中心に構築してきた国家総力戦体制、つまりは軍・産の結合が、一九二〇年代から満洲事変、日中戦争そしてアジア太平洋戦争下の「大東亜共栄圏」内でいかなる姿をとってきたのかを企業という視点から跡付ける点にあった。では日中戦争期から顕著に進行したといわれる軍産結合は、太平洋戦争に入り一層進行したのであろうか。企業側から見れば、一九二〇年代からアジア太平洋戦争までの過程で、自由選択範囲が狭まり、次第に軍の提示した条件を飲む以外に企業活動が困難な状況が生み出されたことは事実である。しかし企業が積極的に軍の意向を汲んで活動したかとなると事態はそれほど簡単ではなかった。「統制」を嫌忌する企業の態度は、アジア太平洋戦争勃発直前の時期にも根強く存在し、一九四〇年には近衛内閣下で商工大臣小林一三と商工次官岸信介との激しい対立と葛藤を生み出したほどなのである。その後は岸信介が主導権を取るかたちで「統制」は進行したが、企業の末端まで組織化するということは困難だった。アジア太平洋戦争期に入ると各種統制団体が作られ、これを通じた統制が強化されるが、直接官僚機関が個々の企業を掌握することは困難で、四三年になると軍需省が設立され、軍需会社法が制定された。この法律は、各企業への政府の監督強化と損失補償、利益保証をうたったものだが、それは逆に敗戦まで官僚機関が個別企業を掌握できなかったことを物語っていた。

［注］

（1）日本での総力戦体制構築過程に着目し、その過程を分析したのは、纐纈厚『総力戦体制研究——日本陸軍の国家総力戦構想』三一書房、一九八一年（新版、社会評論社、二〇一〇年）であろう。筆者もほぼ同じ視点から「総力戦体制と植民地」、今井清一編『体系日本現代史』第二巻、日本評論社、一九七九年、『帝国日本と総力戦体制——戦前・戦後の連続とアジア』有志社、二〇〇四年を上梓した。このたび、日本の総力戦体制の構築を帝国日本の領土まで拡大し、企業との連関でその構築過程の特徴を検討することとした。

（2）Hurwitz,Samuel J., *State Intervention in Great Britain: A Study of Economic Control and Social Response 1914-1919*,London.,1949. Feldman. General D., *Army, Industry and Labour in Germany 1914-1918*, Princeton,

1966.

(3)『第四十回帝国議会衆議院委員会議事録』第三回（一九一八年三月一一日）、三八ページ。

(4)同第四回（一九一八年三月一四日）、五八ページ。

(5)同上、五二ページ。

(6)同第五回（一九一八年三月一八日）、七一ページ。

(7)同第四回、四八ページ。

(8)日本工業倶楽部編『日本工業倶楽部廿五年史』上巻、一九四三年、六七ページ以下。

(9)ワインツワイグ（永住道雄訳）『日本コンツェルン発達史』慶應書房、一九三七年、七一ページ。

(10)奈倉文二『日本鉄鋼業史の研究――一九一〇年代から三〇年代前半の構造的特徴』近藤出版社、一九八四年。

(11)通産省編『商工政策史』第一八巻、一九七六年、四四五ページ以下。

(12)小林英夫・大野陽男『グローバル変革に向けた日本の自動車部品産業』工業調査会、二〇〇五年、五五ページ。桜井清『戦前の日米自動車摩擦』白桃書房、一九八七年。

(13)渡辺徳二編『現代日本産業発達史』上巻、化学工業、一九八六年、三〇七ページ。

(14)角田順編『石原莞爾資料　国防論策篇』原書房、一九六七年、一四三ページ。

(15)同上。

(16)川崎一郎『肥料問題の回顧』一九五一年。

(17)日本硫安工業協会日本硫安工業史編纂委員会編『日本硫安工業史』日本硫安工業協会、一九六八年。

(18)朝鮮総督府『朝鮮の農業』（一九四〇年版）、一八四ページ。

(19)鎌田沢一郎『宇垣一成』中央公論社、一九三七年、八六―八七ページ。永塚利一『久保田豊』電気情報社、一九六六年、一七〇ページ。
(20) 防衛庁防衛研修所戦史室編『陸軍軍需動員 1』朝雲新聞社、一九六七年、二八七ページ。
(21) 前掲『石原莞爾資料　国防論策篇』。
(22) 同上。
(23) 中村隆英・原朗編『日満財政経済研究会資料』日本近代史料研究会、一九七〇年。小林英夫『「日本株式会社」を創った男――宮崎正義の生涯』小学館、一九九五年。
(24) 小林英夫『増補版「大東亜共栄圏」の形成と崩壊』御茶の水書房、二〇〇六年、第三篇第三章。
(25) 『第七十二帝国議会衆議院委員会議事録（支那事変ニ関スル臨時軍事費支弁ノ為公債発行ニ関スル法律案外四件委員会議録）』第二回会議（一九三七年九月六日）、六一ページ。
(26) 『第七十三帝国議会衆議院委員会議事録（国家総動員法案委員会議録）』第三回会議（一九三八年三月一日）、二ページ。
(27) 同第十二回、三六ページ。
(28) 小林前掲『増補版「大東亜共栄圏」の形成と崩壊』第四篇第一一章第五節。内田知行・柴田善雄編著『日本の蒙疆占領――一九三七―一九四五』研文出版、二〇〇七年。
(29) 笠信太郎『日本経済の再編成』中央公論社、一九三九年。
(30) 小林英夫『日本軍政下のアジア』岩波新書、一九九三年。前掲『増補版「大東亜共栄圏」の形成と崩壊』第四篇第一・二章。
(31) 小林前掲『日本軍政下のアジア』。
(32) 同上。
(33) 鈴木邦夫「南方諸事業の経営形態」、同「担当受命者の決定過程」（疋田康之編著『南方共栄圏――戦

時日本の東南アジア経済支配』多賀出版、一九九五年)、三二六―三三一ページ。
(34)鈴木邦夫「資本類型別進出企業の概要」、前掲『「南方共栄圏」』所収、三四二―三六八ページ。
(35)同上。
(36)岩武照彦『南方軍政論集』巌南堂書店、一九八九年、一八八ページ。
(37)鈴木前掲、三五五―三六八ページ。小林前掲『日本軍政下のアジア』。
(38)同上。

第三章　日本の中国占領地経営と企業

はじめに

日本の中国占領地経営はいかに行なわれたのか。占領の第一段階で実施されるべきはずの「幣制統一事業」は満洲国ではスムーズに展開され、回収率九七％以上という驚異的高さで推進された（小林英夫「満洲での幣制統一事業の展開」、満州史研究会編『日本帝国主義下の満州』御茶の水書房、一九七二年）。ではは、日中戦争期にこの事業はどう展開されたのか。本章の課題は、その展開過程を跡づけることにある。ここでは、まずもって陸軍が推し進めた軍票政策とその価値維持機構としての中支那軍票交換用物資配給組合（軍配組合）の活動を検討し、[1] 次に興亜院が推し進めた占領地中央銀行構想に基づく華興商業銀行の設立以降の動きを検討する。[2] この検討を通じて、満洲事変時とは異なり、日中戦争時には、軍事占領もままならぬ中で、統治初期段階の幣制統一事業さえ満足にできないままに推移した実情が明らかとなろう。日中戦争から太平洋戦争期にかけて、香港では幣制統一から産業・商業政策の統一まで行くが、厳しいインフレの中で十分な成果を上げ得ないままに終焉を迎えている。[★3]また香港に隣接するポルトガル領のマカオは、ポルトガルが中立国ゆえに「大東亜共栄圏」内で唯一占領を免れて一九四五年八月の戦争終結を迎えた。[★4]

第一節　日中戦争の展開——通貨工作を軸に——

一九三七年七月七日に勃発した日中両軍の衝突は、たちまち華北・華中全域を包む日中全面戦争へと拡大していった。日中戦争勃発と同時に日本軍は、華北鉄道沿線沿いに九月に保定、大同を、一〇月に徳県、石家荘、包頭を、一一月に彰徳、太原を占領し、農村部を残して都市部と鉄道沿線部を戦禍にまきこんで南下を続けた。他方、華中でも八月に日本軍が上海に上陸し一二月には南京を占領した。

日中戦争勃発当初、日本軍は華北では朝鮮銀行券を、華中では日銀券を使用していたが、戦局の長期化が予想されるなかで、華北では占領地区に中央銀行を設立する構想が具体化しはじめ、華中でも日本経済に混乱をもたらすおそれのある日銀券にかえて軍票を使用する動きが具体化し、三七年一一月の柳川兵団の杭州湾上陸作戦を契機に軍票が使われはじめた。

一九三八年に入ると華北、華中戦線ともに戦火が拡大した。北支那方面軍は、済南以南および山西省南部の占領作戦を展開しながら南下を開始し、中支那派遣軍もこれに呼応して北上し、両者は徐州で中国軍主力を包囲、殲滅する作戦を展開した。徐州占領作戦は三八年五月に徐州占領をもって終わるが、殲滅作戦は成功せず、中国軍は包囲網をぬけて奥地に撤収した。日本軍は、同年八月漢口、武昌占領作戦を展開し撤収を続ける中国軍を包囲せんとしたが、一〇月漢口は占領したものの、これまた中国主力野戦軍の捕捉に失敗し、以降蔣介石は重慶にたてこもり抗戦を続けることとなった。この作戦終了を契機に、日中戦争は持久戦の様相を呈し、日本軍は一一月に東亜新秩序建設の声明をだし、北支那開発、中支那振興の二つの国策会社を設立して占領地経営に乗り出していくこととなった。また中国共産党も占領地後方に解放区を設定して後方攪乱作戦を展開していった。

戦線の拡大にともない一九三八年になると日本軍の通貨政策にも変化があらわれた。日本軍は華北では三月に中国連合準備銀行、通称連銀を開業し、創立と同時に「円元等価」を宣言し「旧通貨整理弁法」を公布して連銀券を国幣と定めて法幣を回収する「幣制統一事業」に乗り出していった。日本軍は、連銀券の拡大を容易にするため三八年八月に法幣北方券の価値の一割引下げを、さらに一二月に三割引下げを断行し、あわせ占領地区の拡大をめざす作戦を展開して「幣制統一事業」をサポートしていった。しかし、一年後の三九年三月の事業終了時点で、その回収率はわずか六％前後にすぎず、連銀券が使用されていた地域は都市と鉄道沿線に限定され、「治安」の悪い農村部は「法幣天国」として日本軍の支配の及ばない地域として残されたのである。以降日本軍は、連銀券の流通地域と非流通地域に分け、後者を「匪賊地帯」と命名して討伐作戦を展開していくこととなった。以降連銀券と法幣は、解放区の共産党の出す辺区券をまじえておたがいに競いあいながら華北で三つ巴の「通貨戦」を展開していくこととなった。法幣との通貨戦が展開されたという意味では、華中も華北と同様であった。だが、華北にくらべ法幣の力が相対的に強い華中では、「幣制統一事業」は見送られ、まず日本軍の軍票流通政策が推進された。特に、戦線の拡大、軍票流通量の増大とともに三八年一一月以降従来の軍票、日銀券併用を改め軍票一本に統一する軍票一色化工作が強力に推し進められた。また三八年一〇月日本軍はバイアス湾上陸作戦を行なうが、これを契機に華南でも軍票の使用にふみきった。

一九三九年になると中国戦線は華北、華中両戦線で膠着し、日本軍は占領地区の治安固めをねらって三九年四月以降治安粛正作戦をくりひろげた。これと同時に三八年一二月には外交をのぞく対中国政策・占領地行政を統轄する機関として興亜院が設立された。この時期裏面で国民政府の分裂を策して蔣介石につぐナンバー・ツーの汪兆銘の引出し工作が進められていた。そして三八年一二月汪は重慶を脱出。紆余曲折をへて華北、華中の親日政権を吸収して汪兆銘（汪精衛）政権が樹立されたのは一九四〇年三月のことであった。

こうした政治的動きと連動し華北では、連銀券による法幣駆逐政策が強行された。日本軍は、三九年三月輸出為替集中制を実施し同年七月にはそれを全品目にまで拡大しさらに四〇年六月には無為替輸入許可制を実施するなど為替管理を強め、商品流通ルートを押さえ物資の確保に努めたのである。この結果一九四〇年を前後して連銀券は安定をみた。

他方、華中の通貨政策は、軍票を中心に三九年五月に設立された華興商業銀行券が加わり複雑な様相を呈した。この間、軍票流通政策は積極的に行なわれたが、特に注目されるべきことは一九三九年八月に中支那軍票交換用物資配給組合、いわゆる軍配組合が設立され、これが軍票の流通拡大に大きな役割を演じたことだった。これ以降軍票は価値維持資金と軍配組合の両者、つまりカネとモノの両者のサポートをうけて流通が促進されることとなる。また四一年一月には汪兆銘政権の基幹銀行として新たに中央儲備銀行が開業した。

一九四一年一二月に太平洋戦争が勃発した。開戦当初、日本軍は、国民党主力軍と解放区のゲリラにそなえるために、陸軍の主力を大陸に釘づけにしたまま太平洋戦争に突入することを余儀なくされた。東南アジアに散開した日本軍は四二年いっぱいまでその占領作戦を展開、四二年以降は連合軍の反撃の前に撤退を強いられるが、この間中国大陸における日本軍は治安確保のための清郷作戦を推し進める一方、浙江省、江西省の占領をめざし浙贛作戦を実施、さらに重慶作戦の立案を開始した。しかし、この作戦も四二年後半からの米軍のガダルカナルでの反撃開始以降この地域での作戦が比重をたかめるにつれて中止を余儀なくされた。

四三年以降連合軍の反撃が本格化し、中国本土が対日爆撃基地にかわりはじめるなかで、それを防ぎ対日攻撃基地を破壊する作戦が次第に全面に出はじめた。一九四三年後半に立案され四四年初めに実施された湘桂、粤漢、京漢鉄道沿線を攻撃する大陸打通作戦はそれであったが、この作戦は国民党軍に大きな打撃をあたえたものの、米軍と国民党軍の反撃のなかで一度占領した地域の放棄を余儀なくされ、くわえて米軍の台湾上陸に備えて日本軍は兵力を中国沿岸地域に移動させる必要が生じたため占領は短期間に終わらざるをえなかった。この時期になると有力師団はつぎつぎと南方に転用され、量質ともに低下し、逆に急速に力を増した中国側の攻勢を前に、かろうじて陣地を守備するにすぎない状況に陥った。

では、太平洋戦争勃発後の中国戦線での通貨政策はどんな展開をみせたのか。まず、華北だが、太平洋戦争勃発当初は上海租界の英米銀行接収と租界の現銀の吸収、さらには法幣の暴落などにより連銀券は相対的安定を維持しえたが、戦局が日本側に不利になると、日本からの物質供給量の激減や預け合い契約による軍費支弁、さらには開発資金や物資購入資金捻出のための連銀券の増発により連銀券インフレーションが急速に進行し、四五年頃になると華北経済は壊滅的状況になったのである。

華中でも状況は大同小異であった。太平洋戦争勃発と同時に日本軍は上海租界に進出し英米銀行を掌握し軍票の拡大をはかると同時に、四二年三月には儲備券による法幣回収、つまり「幣制統一事業」を実施していった。華北と異なり法幣の力が相対的に強い華中では、法幣駆逐は困難という見地から「幣制統一事業」はさしひかえられていたのだが、太平洋戦争下でそれをいっきょに強行したのである。結果はみるも無残で、日本軍が占領していた大都市ですら満足な回収実績もあげえぬままに儲備券インフレの嵐のなかに突入していくこととなった。一九四三年三月には日中戦争当初から日本軍の軍費支弁の柱であった軍票の発行が停止され、その負担も儲備券が担うにおよんで儲備券インフレは加速度化され、一九四五年には歯止めのきかぬ状況におちこんでいったのである。★5

第二節　軍票工作と軍配組合

1　軍票工作の展開

一九三七年七月日中戦争が勃発すると日本軍は華中においては当初日銀券を携行して必要な軍費支弁にあてた。しかし、これは「差当リノ措置トシテ已ムヲ得ズ日銀券ヲ使用セルモノ」[★6]で、あくまでも暫定的な措置であった。しかし戦線の拡大とともに一〇月には軍票の発行が閣議決定され一一月の杭州湾上陸作戦とともにそれが使用されることで、華中戦線では日銀券、軍票両者の流通が図られることとなった。その後徐州、武漢作戦のための部隊の増強が続くと日銀券の使用量は激増し三八年七月までには三五〇〇万円、三八年末には約五〇〇〇万円に達し[★7]、その結果異常な円価の暴落をまねいた。

そのため日本の為替管理、貿易管理に重大な影響を及ぼすおそれがでてきたため、抜本的対策をたてる必要が生まれた。この間、現地でのみ通用する特殊日銀券の発行等も考えられたが、混乱をまねくおそれもあり非現実的ということで退けられ、折から流通領域を拡大していた軍票に的がしぼられ、三八年一一月以降軍票一本化がおしすすめられた。もっとも、日銀券にかわる新券の発行という考えは四〇年初頭の揚子江開放に先立ちその準備として貿易通貨を発行するという興亜院の三八年一一月の決定に従い三九年五月の華興商業銀行の設立へと結実していく。軍票一本化にともない三八年一二月には支那派遣軍経理部内に新たに金融科が設立され、軍票交換許可所も作られ、また軍票の価値維持のために資金が設けられた。これに先だつ一か月前の一一月には漢口宣撫用物資配給組合が占領直後の漢口に作られ、軍票流通と価値維持機関として活動を開始していた。軍票の価値維持資金の本格的先駆をなしたのは通称「乙資金」と称されたもので三九年六月に設定されたが、当初の五〇〇〇万元、追加を含めて三五〇〇〇万元にのぼる資金の源泉は上海海関預金で、これを極秘のうちに流用したものであった。軍票は三九年後半こそ多少おちついていたものの四〇年の三―七月にかけて動揺、低落をくりかえし「軍票軟調乃至苦難時代」[★8]を現出したが、軍当局は連日軍票買い操作を行ない軍票相場八〇円堅持に狂奔した。この「乙資金」[★9]を皮切りに、以降丙、丁、伊、呂、波といったさまざまな名称の価値維持資金が設定されていった。ところで、軍票をカネの面から支えたのが前述した各種名称の価値維持資金であったとすれば、それをモノの面から支えたのが三九年八月設立された中支那軍票交換用物資配給組合、通称軍配組合であった。この組合の活動については2で述べるのでここでは省略する。

三九年六月以降香港上海銀行の法幣買支え中止とともに法幣の暴落が始まり対英八ペンスは六ペンスを経て八月には三ペンス台に落ち込んだ。後述するように発足間もない華興商業銀行はたちまち法幣とのきりはなしを余儀なくされるが、金融のセンターである上海は法幣にくわえて日銀券、軍票、華興券いりみだれ熾烈な鞘取行為が発生した。三九年一二月、軍は上海における軍票一本化にふみきり、ここに華中占領地の軍票一色化工作は大きく進み、軍票は華中・華南における主要日系通貨となった。

一九四〇年の後半になると日本軍の前述したさまざまな軍票価値維持工作が効果を示し、軍票相場は安定から上昇へと向かいはじめ、軍票流通領域も奥地占領地域へと拡がりはじめた。その際三八年一二月より行なわれ四〇年二月より強化された奥地軍票片交換制度（法幣を対価とする軍票売買のうち軍票売りの片取引のみ行なうことが許される制度）の実施がこの拡大にあずかって大きかった。四〇年一二月には汪兆銘政権の基幹銀行として中央儲備銀行が創立され（開業は翌四一年一月）、華興券にかわって儲備券（蔣介石政権の銀行が発行する法幣を旧法幣と称するのに対し儲備券は新法幣といわれた）が流通を開始し、華中の日本側通貨は軍票、儲備券の二本建てとなった。

一九四一年一二月に太平洋戦争が勃発し上海租界が日本の支配下におかれ、欧米が中国に対する金融工作の足場を失うと日本側の対中金融工作は積極的となった。それに先立つ一九四一年三月に上海で金融テロ事件が発生し、これを契機に旧法幣は下落を開始し、七月の対日資産凍結、日本の逆資産凍結とともに旧法幣不安が高まり新法幣の価値上昇とともに一九四一年末には新旧パー（等価）の状況となり、さらには逆に打歩をふす状況となった。こうしたなかで、その後の通貨工作をめぐり、旧法幣を一挙に打倒し華中でも華北同様新法幣による幣制統一を実現すべしとする見解とそれは時期尚早で新旧法幣の混流をしばらく認めるべきだとする二つの相対立する見解があらわれた。前者を「急進主義」とよぶとすれば、これを主張したのは興亜院、現地大使館筋であり、大蔵省から企画院総裁をへて当時汪兆銘政権の全国経済委員会最高顧問だった青木一男はその代表だった。★10 後者を「漸進主義」と称するとすれば、これを主張したのは現地陸海軍と在中国日系企業であった。★11 両者の見解の相違は華中での通貨事情の認識と日本経済全体のなかでの華中の位置づけの相違に起因していた。

前者が、華中での負担を極力現地に転化しつつ日本の戦争経済体制のなかに華中占領地を包摂していくことを第一義的に考え、通貨工作をこの目的に従属させたのにたいし、後者は華中での作戦行動を第一義的に重視し通貨工作をこの目的に適合させようとした。この対立は「現地軍当局屢次ノ実情具申ニ拘ラズ、中央ニ於テハ青木顧問案ヲ原案トスル急進処理要綱ヲ固執[★12]」した結果「急進主義」が勝利をおさめ、一九四二年三月六日の興亜院連絡委員会決定「大東亜戦争開始ニ伴フ中支通貨金融暫定処理要綱」は旧法幣を打倒するため新法幣による旧法幣回収を目的にした幣制統一の開始をうたっていた。当然この過程で軍票の新規発行の停止がおりこまれていた。

幣制統一にむけて三月六日以降つぎつぎと手がうたれていった。三月七日軍票相場正金建値の儲備券建への変更が行なわれた。そして三月三〇日新旧法幣等価離脱声明がなされ、五月二七日には旧法幣全面交換にかんする財政部長声明があり、三一日にはその法的整備を完了した。六月八日より旧法幣の全面交換が開始され、一二月一日には蘇浙皖三省および上海、南京両市の旧法幣の全面流通禁止措置がとられた。なお武漢、広東ではこれに少しおくれて同様な政策が行なわれた。また「此ノ間儲備券ノ積極的流通工作、物価対策等モ併セ行ハレ、又軍票流通分野ヘノ進出、移行モ漸次進捗[★13]」し、これにあわせて翌四三年三月二四日に軍票の新規発行停止が発表され四月一日より実施に移された。こうして華中・華南の日本軍占領地域は表面上儲備券により統一されたのである。

もっとも幣制統一の成果はかんばしいものではなかった。というのは一九四二年六月末の旧法幣回収額は上海地区と奥地を含めて一一億三〇〇〇万元弱にとどまり、「大東亜戦争勃発直前ノ上海旧法幣在高二十二億元、奥地推定分ヲ含メ蘇浙皖三省占拠地内流通高約三十億元」と比較すると「余リニ過少」で「識者ノ予想セル所ニ比シ半数程度ニ止リタリ」という状況だった。[14]

新法幣といわれた儲備券で統一された華中の通貨工作はその後どのような姿をたどったか。当然のことながら儲備券発行量の激増であった。創立間もない一九四一年七月が七六〇〇万円、四一年一二月が二億四〇〇〇万円弱、四二年一二月が三四億八〇〇〇万円弱、四三年一二月が一九一億五〇〇〇万円強、四四年一二月が一三九六億九〇〇〇万円強そして四五年八月がなんと二兆六九二三億円強であった。[15]その凄まじい発行量の激増ぶりがわかろう。軍票を肩代わりするかたちで、儲備券は華中の戦争経済の機軸通貨として軍費支弁のため、物資調達のため八面六臂の大活躍をすることを期待されたのである。もっともきちっとした裏付けがあれば話は別であろうが、太平洋戦争下で裏付けなく増発された儲備券のもたらす結果がはげしいインフレーションであることはいうまでもなかった。一九三六年平均を一〇〇とした上海の戦時物価指数をみれば、一九四〇年平均が四七五、四一年平均が九五八、四二年平均が二五四七、四三年平均が六七二一、四四年平均が九四一七〇、そして四五年八月時点で一一九六二五であった。[16]通貨増発はそのまま華中ハイパーインフレーションを激化させるかたちで事態は進行したのである。

2　軍配組合の活動

ところで軍票の価値維持にモノの面で重要な役割を演じたのは中支那軍票交換用物資配給組合、通称軍配組合であった。軍配組合が設立されたのが一九三九年八月であったことは前述した。一九三九年春以降の円および軍票の対法幣相場の惨落に対しそれを防ぐ一環として軍配組合は発足したのである。それは「本組合ハ中支那ニ於ケル軍票ノ価値維持並ニ流通拡充ヲ図ル為物資ノ円滑ナル輸入又ハ調達並ニ配給ヲ為スヲ以テ目的トス」（規約第二条）と謳ったように「強力ナル配給機構ヲ組織シ之ヲ通シ最少ノ物資ヲ以テ最大ノ軍票ヲ回収シ、以テ軍票ノ価値維持ヲ行フト共ニ軍票ノ流通面拡大ヲ図ラントスル」★17点にあった。

このように設立は三九年八月であるが、実際に活動を開始したのは一九三九年一〇月以降のことであった。組合は各部から構成されていたが総務部のもと人絹、穀肥、工業薬品、毛糸毛織物、綿業、染料、紙、砂糖の八部が活動していた。総務部には総務部委員会と総務部幹事会があり総務部長と常務幹事が強力な権限をもち各部を指導し、常務幹事は総軍当局と連係をたもち活動する機構になっていた。もっとも実態をみてみると最初から八部が活動していたというのではなく人絹、穀肥、工業薬品、毛糸毛織物、綿業、染料などにくらべると紙、砂糖の出足は若干おそく全体がそろうのは一九四〇年も上半期以降のことであったし、総務部も当初は実態としては常務幹事の小堀保行がきりもりしていた観が強い。★18

各部は組合員と取扱商から構成され、組合員は出資金五万円、取扱商は信認金一万円を出資し物資の輸入、配給に従事し、取扱高につき三分の手数料を取得できた。一九四〇年五月現在の組合員は全部で五一社で組合員出資金は二五五万円（内訳は綿業部五社、二五万円　人絹部七社、三五万円　穀肥部七社、三五万円　工業薬品部九社、四五万円　染料部六社、三〇万円　紙部四社、二〇万円　砂糖部四社、二〇万円　毛糸毛織物部九社、四五万円でこのうち毛糸毛織物部の九社四五万円は未払いである）で取扱商は五一社で信認金は四四万円（内訳は綿業部一一社、一一万円　人絹部九社、九万円　穀肥部一〇社、五万円　工業薬品部九社、九万円　染料部三社、一万五〇〇〇円　毛糸毛織物部八社、八万円　紙部一社、五〇〇〇円で砂糖部と紙部の一部に斜線がはいっている。またこのうち毛糸毛織物部の八社、八万円と紙部の一社五〇〇〇円は未払いである）であった。[19]

では、どのような会社が組合員となり、そして取扱商となったのか。一九四〇年上半期の砂糖部の役員名簿でそれをみてみよう。組合員としては四社の名前があがっており、部長には増幸洋行専務取締役の酒寄発五郎が、副部長には三菱商事上海支店長の高垣勝次郎が、理事には復和裕洋行主の馬宗傑が、そして監事には三井物産上海支店長の塙雄太郎がそれぞれ就任していた。また取扱商には、白木実業公司専務取締役の中村四郎、永和洋行の永野郁四郎、福記洋行の高本只市、明治製菓上海販売所の野崎鉄夫、大丸洋行支配人の星島壽、山口商会の西谷清太郎、福利化学工業原料公司の本谷悌一が名をつらねていた。また東京連絡部には常任幹事として三井物産の太田静男と大日本製糖の藤山愛一郎が、幹事には三菱商事の寺田虎二郎、阿部幸商店の阿部信治、南洋興発の松江春次が就任していた。漢口支部には支部長として三井物産漢口支店長の野田雅亮が、副支部長として三菱商事漢口支店の岩崎賢太郎が、理事として安昌洋行の迎美輔が、監事として復和裕洋行漢口支店の吉本光三が就いていた。[20]「組合員ハ当該関係部門ノ少数有力大商社ノミヲ以テ構成シ、其ノ商品学的知識ト商業取引上ノ経験トヲ全面的ニ活用シ、且其ノ経済力ノ総合的組織化ヲ図リ以テ其ノ信用ヲ国家的社会的ニ利用シ、斯クテ大商社中心乃至其ノ協力ニ依リ物資輸入配給ノ円滑化ヲ図リ、情勢ノ変化ニ順応シテ所期ノ目的ヲ達成セントスルモノナリ[21]」という指摘のように、組合員は三井、三菱といった大商社が

表 3-1　軍配組合物資配給状況（単位：1,000 円）

	1939	1940	1941	1942	1943 上半期	合計
人絹	2,459	13,008	16,960	11,296	2,895	46,618
綿業	−	10,151	6,238	13,320	4,964	34,673
毛糸毛織	−	153	2,814	3,783	245	6,995
工業薬品	224	3,151	24,912	59,509	61,257	149,053
染料	−	1,123	9,267	6,849	8,063	25,302
紙	345	5,870	15,196	26,632	15,919	63,962
砂糖	−	14,379	40,110	37,083	31,889	123,458
穀肥	1,186	13,991	28,299	44,707	80,189	168,372
合計	4,216	61,830	143,800	203,182	205,421	618,449

注：数字が合わないところも原資料どおり記載した。
出所：清水善俊『支那事変軍票史』自家版、1971 年、359 ページ。

中心であった。

こうして一九三九年八月に発足し一〇月以降活動を開始した軍配組合は一九四〇年前半までにほぼその体制を整えたと想定される。前述したように八部がそろって活動を開始するのは一九四〇年代前半であるし、組合が体制を整備するのもこの頃からだからである。では、この頃軍配組合がどの程度の取引をしていたのであろうか。表3-1を参照願いたい。一九三九年に四二一万六〇〇〇円だった配給額は翌四〇年になると一挙に六一八三万円と一四・七倍弱に増大する。しかも四〇年になると八部局全部が活動を開始するのである。以降工業薬品、砂糖、穀肥の部門を中心に配給額を高めながら四一年一億四三八〇万円、四二年二億三一八万二〇〇〇円、四三年上半期二億五四二万一〇〇〇円を記録していく。もっとも、この表をどこまで信頼するかについては前述した常務幹事の小堀保行の批判もあり[22]、今後検討すべき課題であろうがほぼその趨勢は理解できよう。

さて、一九四〇年後半になると機構の拡充とともに「従来ノ軍票価値維持ヨリ漸次国策的貿易機関ヘソノ重心ヲ高メテ来タ[23]」り、四〇年九月二日以降貿易価格調整が重要問題となっていく。

まず機構だが、工業薬品部に新たに医療薬品を扱う第二科と油脂臘を扱う第三科が設立されおのおの四〇年一一月より活動を開始する。また染料部にも塗料、香料を扱う第二科が八月新たに設立され一二月に第一回の輸入を行なっている。これらの新設科は設立まもないこともあって、いずれも「未ダ本格的活動ノ域ニ達シテ居ナイ[24]」状況にあった。

新設をふくむ機構の拡充と関連して、この時期になると、軍配組合は対日のみならず対満、対華北貿易でも一元的貿易団体として重きをなしはじめ、「軍配組ノ輸入配給ハ漸次累増シ、最近ニ至ッテ更ニ飛躍的躍進ヲ見セ、今ヤ中支ノ対円ブロック輸入ノ五〇％ヲ示メルニ至ッタノデアル[25]」。

さらに、奥地への販売を拡大するため一九四〇年九月以降中支那綿糸布販売協議会の設置にみられるように商品別に販売協議会がつくられ、砂糖、綿業をてはじめに各部ごとに奥地支部が結成されていく。四〇年一二月現在でみると綿業部は無錫、南京、蕪湖、蚌埠、漢口に各支部を、また砂糖部は杭州、蘇州、無錫、鎮江、南京、蕪湖、蚌埠、漢口にこれまた各支部を結成していた[26]。

こうした統制の強化の必要は、おりから進んでいた「円ブロック」内での価格調整と密接に関連していた。四〇年半ばにおいて日本からの輸入品の価格が中国の現地物価水準に比して著しく低く、輸入物資の販売価格を現地の物価水準に達するように調整する必要が生じていたのである。そのため九月二日の円ブロック向け貿易価格調整以降、日本側の日本東亜輸出組合連合会に対応して華中占領地でも軍配組合のほかに商品別に対日輸入配給組合と物動物資組合が組織され調整料の徴収による価格調整の任にあたったのである。軍配組合機構の拡大と奥地への組織網の拡張は、前記の課題実現の一環にほかならなかった。

軍のこうした努力にもかかわらず、現実の華中市場に占める軍票の地位は低く、軍票は蔣介石政権の基幹銀行が流す法幣におされ、その大海にうかぶ一隻の小舟にすぎなかった。軍が一九四〇年二月に行なった「上海所在市場ノ現状」という調査結果はそれを物語っている。詳細に紹介している余裕はないが、結論ともいうべき「軍票使用ノ程度」において「今後ニ於ケル工作上特ニ注目スヘキ事項ヲ要約セハ凡ソ左ノ如シ」として、「(イ) 租界側トノ取引ハ全テ法幣ヲ以テスルコト (ロ) 日本品ハ大部分日本商人、土産品ハ大部分支那商人ニヨリ取扱ハルルコト (ハ) 日本商人ハ殆ント軍票建、支那商人ハ殆ント法幣建ニテ販売セルコト (ニ) 仕入ハ大体日本品ハ軍票建、土産品ハ法幣建ナルコト (ホ) 顧客中支那人ハ殆ント軍票ヲ使用セサルニ対シ日本人ハ相当法幣ヲ使用スルコト★27」を掲げたのである。つまりは、日本人以外は軍票を使用せず、日本製品を購入するときのみ軍票が必要だったということである。しかもこれが接敵地域ならいざ知らず、軍票工作の中心地上海でこうだったわけだから、他の地域はおして知るべしであった。調査時点が四〇年一一月で軍票が法幣におされていた時期であることを考慮しても軍票の劣勢は覆うべくもなく、前述した新法幣による幣制統一の失敗を予測させるに十分であった。

一九四一年にはいると二月にマッチ原材料をあつかう工業薬品部第四科が、三月には肥料の対日輸出をあつかう穀肥部第二科が、四月にはパルプをあつかう紙部第二科がそれぞれ新設され、軍配組合の機構は八部一四科に拡充された。また通州、安慶に綿業の支部が、杭州、蘇州に人絹支部が新設され、日本との連絡強化のため穀肥部の東京連絡部が新設された。こうして輸入面だけでなく「配給面ニ於テモ、奥地支部ノ強化ト各販売協議会トノ連繋ニヨリソノ各部ノ占領地区奥地向配給量ハ今ヤ圧倒的地位ヲ占メルニ至ツ[28]」たのである。

しかし、四一年七月になると英米の対日資産凍結と日本の逆凍結により円経済圏以外の第三国からの輸入が困難となり、日本からの輸入そのものも減少を余儀なくされるなかで、軍配組合は「現地補足、重点配給、価格規制ノ高度化[29]」を掲げて統制を強化していった。おりしも輸入途絶を予想した換物人気で商品相場は一斉に高騰し金融難とかさなって乱高下をくりかえしていた。

四一年一二月太平洋戦争の勃発とともに日本軍は上海租界に進出するが、それとともに軍配組合は租界のストック調査と華商の統制団体の結成、配給団体の創設にたずさわり、四一年一二月二九日の上海調剤民食油類弁事処の結成を皮切りに生活必需品を中心に四二年前半までに一三の統制団体を設立もしくは準備し[30]、軍政を側面からサポートしたのである。

一九四二年に入り太平洋戦争の拡大とともに軍配組合は「購入ニ於テハ極力円域ヨリノ輸入確保ニ努力スルト共ニ現地調弁ニ重点ヲ置クコト、又配給ニ於テハ原料ヲ確保シ軍ノ現地自活工業生産力ノ維持民生安定ニ資スルタメノ貯蔵営団的機能ヲ具有シ得ル如クナスコトニ根本方針ヲ決定シタ[31]」。いわば、戦争の拡大とともに日本からの輸入が期待できない状況下で、「現地調弁」「現地自活」が強調されたのである。しかし、戦争の拡大はたんに「現地調弁」、「現地自活」にとどまらず対日輸出をも軍配組合に要求していった。「特記スベキ当組合事務トシテハ中支ニ於ル雑穀ノ蒐買対日輸出ノ統制ヲ当組合穀肥部ガ一元的ニ取扱フ事トナッタ事デアル[32]」という指摘にみられるように当初の計画によれば油脂原料と雑穀肥料五億二〇〇〇万元余を四二年六月以降一年間で蒐買し、日本の農業と現地の食糧自給に寄与するはずであった。[33]

太平洋戦争勃発後の四二年後半にはいり軍配組合が輸入の一元的統制機関から「現地調弁」、「現地自活」、「対日輸出」を課題とする「交易営団」、「物資貯蔵営団」に変化したことは、軍配組合の目的自体が軍票維持から輸出入調整のための営団に変化してきたことを意味していた。四二年後半といえば、前述したように儲備券による幣制統一が急速度で進行しており軍票の発行停止が予定されていたことを考えれば、こうした機能の変化はけだし当然だったかもしれない。したがって四二年後半になると対満洲、華北バーターの枠をひろげて交易を拡大するとともに現地購入率を高め、その成果をあげるため「直接生産部門ノ指導並ニ連繋ヲ計ルコトトシ従来ニ於ケルライスペーパー及ビ化粧石鹸等ニ引続キ、本期〔一九四二年下半期――引用者〕ニ於テハ更ニ苛性曹達《ソーダ》並ニ樟脳ノ現地製造部門トノ連繋ヲ密接化スルコト」[34]とし、これらの工場への優先的原料供給と製品買上げを実施したのである。また対日輸出に関しても前述した油脂原料と雑穀肥料の蒐買に着手し、対日供出については「極力尽力セル結果、雑穀、粕ニ於テハ略々《ほぼ》計画実施ヲ行ヒ、油脂原料ニ就テモ予定ノ約一割見当ヲ供出シタ」[35]。

一九四三年にはいると軍配組合は決定的な変化を受けることとなる。前述したように儲備券による幣制統一がすすみ三月末で軍票の新規発行が停止されるとこれに照応して三月一五日に「上海、南京ノ二特別市及ビ江蘇、浙江、安徽三省ノ地域内ニ於ケル、一、重要物資ノ蒐買配給、二、国内各地域ト華北、華南トノ物資交易、三、輸出物資ノ供出、四、輸入物資ノ配給、五、軍需物資ノ蒐買等ヲ一元的ニ統制スル」[36]目的で全国商業統制総会が結成され、これに対応して七月一日日本側は「軍配組合ヲ初メ物動物資、輸配連等ノ貿易統制機関ヲ整理統合スル予定ノ下ニ、中華日本貿易連合会ヲ設立シ、交易部門ノ強化ニ率先シテ協力態勢ヲ整ヘル運ビトナッタ」[★37]のである。

汪政権の成立と儲備券による幣制統一の実施、軍票の撤収と軍配組合の改組は四三年の軍票新規発行停止を契機に急速に進んだのである。以降、軍票の買支えの放棄と儲備券への依りかかりが、儲備券インフレをうみだすことになったことは前述した通りであった。

第三節　華興商業銀行の設立と活動

1　華興商業銀行の設立

軍部による軍票工作とやや流れを異にしたのが興亜院を中心とした中央銀行設立の動きであった。華興商業銀行から中央儲備銀行設立への運びはそれを物語ろう。全体の流れのなかでの華興商業銀行から中央儲備銀行への流れは前述したので、ここでは、比較的研究が手薄な華興商業銀行に焦点をあててみることとしよう。

前述したように「中支那ノ新事態ニ鑑ミ揚子江開放ニ対スル準備ノ一トシテ又中支那通貨制度ニ対スル我方ノ援助並ニ指導ノ基礎ヲ確立スル為自由ニ外貨兌換セラルベキ銀行券ヲ発行シテ外国貿易金融ヲ行フベキ銀行ヲ速ニ設立ス」[★38]という一九三八年一二月二九日興亜院会議決定の「華興商

業銀行設立要綱」にもとづき翌三九年五月一日に同行は設立された。資本金は五〇〇〇万円（華興券）。当初は英、米、蘭、伊、独、仏の銀行にも呼びかける手はずであったが、参加する銀行はなかった。そこで、出資者は興銀、朝銀、台銀、三井、三菱、住友の六行と中華民国維新政府にかぎられ、五〇〇〇万円は両者が折半でひきうけた。興銀が株主となったのは正金が条例で株主たりえないため同行に代位したもので株主権は正金が行使した。ところでこの五〇〇〇万円の出資金であるが、前年の三八年三月設立された維新政府はその年の五月に上海海関を接収しており、この海関金が充当されたのである。先の「華興商業銀行設立要綱」でも「維新政府及日本側銀行ノ払込資本ニハ上海関税収入五千万円ヲ充用ス」[39]とうたい、また「維新政府及日本側銀行ノ払込資金ハ上海関税収入金ヲ見返リトスル正金銀行ノ貸出ニ依ルベキトコロ、政府ハ正金銀行ニ対シ将来如何ナル事態発生スルモ同行ガ右貸出ニ因リ何等支障ヲ受ケザル様措置スベキ旨ノ念書ヲ交付スルモノトス」[40]とのべたように海関金を流用するかたちで行なわれた。流用に際しては「念書」をとりかわしたのである。[41]

役員は総裁に維新政府財政部長の陳錦涛が、副総裁には正金銀行出身で満洲中央銀行理事の鷲尾磯一が、理事には浙江興業銀行重役の沈爾昌、正金銀行門司支店長の海老原竹之助、中国銀行経理の戴克階、日本銀行参事岡崎嘉平太がそれぞれ就任した。もっとも落合英次の回顧によれば「陳総裁（予定）は当時既に病を得て療養中であったため我々は一度も拝顔の機を得なかったのであるが、開業後間もなく惜しくも逝去された。その後任は時の維新政府行政院長梁鴻志さんで六月〔一九三九年――引用者〕中旬に就任され、以来終戦時迄六年有余に渉りズット在任された」[42]という。

設立の経緯からして、また役員の構成からして正金銀行は同行の活動を側面から援助した。正金

表 3-2　華興商業銀行貨幣発行額および準備額　（単位：1,000 華興円）

	兌換券発行額	紙幣発行準備額		鋳幣発行額	貨幣発行総額
		準備額	準備率　%		
1939 年 5 月	219	221	100	3	221
6 月	601	607	100	6	607
7 月	1,456	1,481	100	25	1,481
8 月	1,233	1,249	100	16	1,249
9 月	3,270	3,291	100	21	3,291
10 月	3,163	3,183	100	20	3,183
11 月	4,018	4,035	100	17	4,035
12 月	5,057	5,075	100	17	5,074
1940 年 1 月	5,266	5,238	100	17	5,283
2 月	5,123	5,138	100	15	5,138
3 月	6,063	6,079	100	15	6,078
4 月	5,320	5,334	100	14	5,334
5 月	6,368	6,386	100	18	6,386
6 月	5,597	5,610	100	13	5,610
7 月	5,063	5,063	100	14	5,077
8 月	5,570	5,585	100	15	5,585
9 月	5,036	5,051	100	15	5,051
10 月	5,040	5,056	100	16	5,056
11 月	5,143	5,155	100	12	5,155
12 月	5,655	5,667	100	12	5,667

出所：日本銀行調査局『東亜経済事情』第 8 号、1940 年 5 月、3 ページ。および同上第 10 号、1941 年 3 月、3 ページより作成。

銀行は同行の代理貸付けを行ない、また為替取引をも援護した。こうしたバックアップをうけて同行は華興券を発行し、維新政府の国庫事務を取り扱い、さらに一般普通業務をも営んだのである。華興券は地金銀、外国通貨、外国預金などを準備金に、価値基準を法幣と等価の対英八ペンスにおいて、原則として外貨との兌換が可能であった。法幣と等価におくことで、法幣流通に依存しつつ次第にその流通範囲を拡大し、華中物資流通網にくいこんでいこうとした華興券は、その当初からいくつかの壁にぶつかった。最大の壁は、法幣が予想に反して急落したことであった。前述したように法幣の対英八ペンスは華興商業銀行発足一か月後の六月には六ペンス台に下り、さらに八月には三ペンス台までおちこんだ。これに対し華興商業銀行は七月二〇日に法幣との等価関係を離脱して対英六ペンスを基準に定めて流通をはかろうとした。しかし、貨幣発行額は表3-2にみるように三九年六月末で六〇万七〇〇〇円、七月末で一四八万一〇〇〇円、八月末で一二四万九〇〇〇円にしかならず、政府の支払い、輸出前貸し、関税納人といった需要に限定され、ために実績に乏しい華興券は、逆に流通過程からはじきだされ、銀行をでた華興券は一夜にして銀行に舞い戻る結果となったのである。[★43]

表3-2でその後の貨幣発行額をみても、一九四〇年において三月および五月に六〇〇万円台を記録したのを除いていずれの月も五〇〇万円台に終始した。つまりは、華興券の流通量はほぼ五〇〇万円だったのである。時あたかも軍票一本化工作が急速度で進行しているときであり、華興券はその背後にかくれて華中貨幣史の傍流のなかによどんでいったのである。

そして一九四〇年一二月汪兆銘政権の基幹銀行として中央儲備銀行が創設され、翌四一年一月以降儲備券を発行しはじめると、華興商業銀行は貨幣発行を停止し、一般銀行として再出発することとなった。

2　華興商業銀行の活動——一般商業銀行として——

一九四一年以降、華興商業銀行は一般商業銀行としての活動を開始した。ここでは当行の資産負債

表 3-3　華興商業銀行資産負債表（単位：1,000 円、1,000 元）

		1939 年 6 月 30 日	1939 年 12 月 31 日	1941 年 1 月 1 日	1941 年 12 月 31 日
資産の部	預ヶ金	57,503	81,727	47,384	36,708
	諸貸金	7,247	4,818	89,775	172,843
	輸出為替手形	–	3,675	–	–
	貨幣製造勘定	645	548	–	–
	有価証券	–	150	1,985	12,961
	土地建物及什器	41	802	1,433	18,490
	地金銀	658	632	9,228	11,677
	その地の勘定	12	991	11,570	28,512
	現 金	800	2,015	14,761	23,491
	計	66,906	95,358	176,136	304,682
負債の部	資本金	50,000	50,000	50,000	50,000
	積立金	–	377	40,507	40,507
	流通銀行券	607	5,075	9,501	116
	諸預金	15,851	37,707	71,034	158,898
	送金為替	–	506	–	–
	当座借	–	–	–	20,000
	その他の勘定	6	481	3,613	30,410
	収益金	442	1,212	1,481	4,751
	計	66,906	95,358	176,136	304,682

注：1939 年 6 月 30 日、12 月 31 日は華興券建、それ以降は法幣建。
出所：1939 年 6 月 30 日、12 月 31 日は日本銀行調査局「東京経済事情」第 8 号、1940 年 5 月、43 ― 44 ページより。1941 年 1 月 1 日は華興商業銀行『経済彙刊』臨時増刊号、1941 年 3 月、3 ページより。1941 年 12 月 31 日は同上臨時号、1942 年 2 月、4 ページよりそれぞれ作成。

状況の変化を表3-3で見ながら創立以降一九四一年末までの営業状況を検討することとしよう。

前述したように一九四〇年一二月をもって華興商業銀行は発券銀行から一般商業銀行に変わり、それに従って華興券建てから法幣建てに変化しており、したがって厳密な意味で両者は連続はしていない。しかし、ここでは華興券と法幣の近似性もさることながら各時期の資産・負債の対照という点で検討をくわえるので、建値の相違は無視して議論をすすめることとする。

一九三九年一二月までは資

産のなかでの預け金の額が多く、諸貸金の額は少ない。また負債では預金の額が大きい。しかし、諸貸金と預金の均衡はかならずしもとれておらず預金にくらべ貸金の額は少ない。また発券銀行としては流通銀行券の額も五〇〇〇万円強とさほど大きい額にはなっていない。この時期の業績を評して「五月十六日開業以来複雑微妙なる上海金融市場に在りて旧法幣の動揺暴落磅為替の急落等困難なる事態に遭遇し乍らも之に善処し貿易金融の疎通に、一般銀行業務の開拓に努力し概ね順調なる発展を示し来れる」[44]とのべた資料もあるが、全体としてこの時期の華興商業銀行の活動は不活発でバランスを欠いていることがわかる。

ところが、一九四一年以降になると諸預金が七一〇〇万元から一億五九〇〇万元強に急増し、これにつれて諸貸金も八九〇〇万元強から一億七二〇〇万元強へと増加し、全体として営業活動が活発に展開されていることがわかる。さらに負債の流通銀行券も一九四一年一月一日時点での九五〇万一〇〇〇元は同年一二月三一日には一一万六〇〇〇元へと激減しており、着実に発券銀行から商業銀行への転化が行なわれていることがわかるのである。

一九三九年六月から四一年末までの時期に限定していえば、ほぼ上記のようなことが特徴としていえるであろう。一九四一年二月に開かれた第二回株主総会において当行董事長の梁鴻志は「本行の営業は複雑かつ困難を感ずることは否めませんが、業務成績は依然として順調な発展をとげ、その基礎も着々と固まり、まずは安心できるところではないでしょうか」[45]とのべ、また一九四二年二月の第三回株主総会でも、おりからの商業銀行への転換にふれ、「和平地区に於きまする金融の復興に協力」し「新たに儲蓄部、信託部を新設し、各種貯蓄預金の受入れ、各種信託業務の取扱いを開始」して

「業務範囲の拡張を実施」した結果「業績の上から見ましても極めて順調な発展を遂げて[46]」きた旨を報告したが、上記の数値はその一端を物語っていよう。

さらに一九四三年ころになると「低金利[47]」を利用して奥地土産物収買に積極的融資を行なうと同時に四四年以降「中国側農村合作社を主体とする農村金融および重要生産工場に対する工業金融にも力を注[48]」いでいった。

立石要は『華興商業銀行回顧録』のなかで「貸付状況」をふりかえり「創立以来、前半期時代がどちらかといえば孤立的であったのが、後半期時代にはむしろ中国側〔日本占領地域というべきだろうが――引用者〕に完全に融合していたというのがその特徴であったといえるように思う[49]」とのべているが、四一年一二月以前と以降の相違をいいあてているように思う。

おわりに

以上、日中戦争期の日本軍の通貨工作を軍票・軍配政策と華興商業銀行の設立・活動に焦点をあてて検討をこころみた。大きくみれば、当時、軍の意向を代弁するかたちで展開された軍票工作と興亜院の意向を代弁していた華興商業銀行、中央儲備銀行設立の動きがみられた。両者は、あるときは対立しまたあるときは協調しつつ日本軍の対華中通貨政策の主流を形成していった。

本章は、軍票政策、とりわけ軍配組合と華興商業銀行に焦点をあてその政策の全体的推移を概観することにつとめた。

［注］

（1）戦前から華北・華中の通貨工作に関する研究は数多い。戦前の代表的研究としては、今村忠男『支那新通貨工作論』商工行政社、一九三九年。斎藤栄三郎『大東亜共栄圏の通貨工作』光文堂、一九四二年。宮下忠雄『支那戦時通貨問題一斑』日本評論社、一九四三年などをあげることができよう。このほか華北に限定した通貨工作の研究としては東亜研究所『北支ニ於ケル通貨・金融ノ調査』一九三九年があり、華中の軍票に関しては支那派遣軍総司令部（嘱託、清水善俊執筆）『支那事変軍票史』一九四三年。今村忠男『軍票論』商工行政社、一九四一年。除野信道『支那事変軍票論』日本評論社、一九四五年をあげることができる。なかでも清水の執筆した『支那事変軍票史』は出色の出来である。

戦後における研究で最初にあげるべきは、大蔵省『昭和財政史4　臨時軍事費』東洋経済新報社、一九五五年と桑野仁『戦時通貨工作史論』法政大学出版局、一九六五年であろう。前者の『昭和財政史』は戦地での軍費支払いとのからみで植民地金融を論じたもので、植民地金融論そのものではないが、日本財政史のなかに植民地財政、金融を本格的に組み込んだ戦後最初の労作として注目される。その意味で、中国の戦時金融そのもののなかに華中軍票工作を組み込んだ初期の労作は『戦時通貨工作史論』であった。桑野は、この本の前提として金融制度研究会『中国の金融制度』日本評論新社、一九六〇年の付論「中国占領地区における日本の通貨金融政策」のなかで、中国本土での金融工作を素描していたが、これをふまえ『戦時通貨工作史論』では、日中戦争期から太平洋戦争期にかけて中国で展開された日本の通貨工作を日本、中国国民党、中国共産党三者が三つどもえで行なった「通貨戦」のなかに位置づけたのである。とりわけ、戦前研究のなかではほとんど無視、軽視され一顧だにされなかった辺区での中国共産党の通貨政策に光をあてた点は、その後展開される研究史の新しい分野をさし示したものとして注目されよう。ただ弱点をいえば桑野が中国連合準備銀行の顧問室員として、連銀の内情に通じ華北の通貨政策や金融事情に精通していた裏返しとして華中の通貨、金融政策への考慮がうすく、華中については華北にひきつけた通貨政策が論じられていることである。華北と異なる華中の特殊性を考慮した三つどもえの「通貨戦」の全体像を描くことは将来の課題となったのである。この点を意識した研究としては原朗「『大東亜共栄圏』の経済的実態」、『土地制度史学』第七一号、一九七六年四月。小林英夫『増補版「大東亜共栄圏」の形成と崩壊』第三編第二章、御茶の水書房、二〇〇六年を参照願いたい。

七〇年代後半からの研究で注目すべきものは大竹慎一「戦時円系通貨と地域決済」、『金融経済』一六五・一六六号、一九七七年一〇月。同「上海悪性インフレと物資流通」、『アジア研究』第二六巻第一号、一九七九年四月。柴田善雅「日本帝国主義による中国占領地の通貨金融工作」、浅田喬二編『日本帝国主義下の中国』楽游書房、一九八一年。島崎久彌『円の侵略史』日本経済評論社、一九八九年。岩武照彦『近代中国通貨統一史』みすず書房、一九九〇年などがあろう。なかでも柴田論文は、日中・太平洋戦争期を通じ日中両国が演じた「通貨戦」の実態を史実に即してあとづけ、為替調整策にウェイトをおいてその内的メカニズムの分析にメスを入れた。柴田は、それ以前の研究を含め『占領地通貨金融政策の展開』日本経済評論社、一九九九年で占領地金融政策をまとめた。

なお軍票史関係の研究史整理については小林英夫「軍票史研究の現状と課題」、駒沢大学経済学会『経済学論集』第一九巻第一・二号合併号、一九八七年一〇月を参照願うこととし、軍配組合の活動と構造、歴史に関し第一次史料を駆使した先駆的研究としては、中村政則・高村直助・小林英夫編著『戦時華中の物資動員と軍票』多賀出版、一九九四年参照。

(2) 華興会編『華興商業銀行回顧録』一九六四年と、多田井喜生解説『占領地通貨工作・続現代史資料11』みすず書房、一九八三年。

(3) さしあたり、小林英夫・柴田善雅『日本軍政下の香港』社会評論社、一九九六年参照。

(4) 同上。

(5) 小林英夫『日本軍政下のアジア』岩波書店、一九九二年Ⅱ参照。

(6) 清水善俊『支那事変軍票史』一九七一年、一一一ページ。

(7) 同上書、一一二ページ。

(8) 同上書、七三ページ。

(9) 同上書、七一ページ以下参照。

(10) 青木一男については大蔵省百年史編纂室『大蔵省人名録』一九七三年、二―三ページ参照。

(11) 詳しくは、清水前掲書、二二四ページ参照。

(12) 同上。

(13) 同上書、二三九ページ。

(14) 同上書、二四四ページ。

(15) 日本銀行統計局『戦時中金融統計要覧』一九四七年、一五八ページ。

(16) 同上書、一五九―一六〇ページ。

(17) 清水前掲書、一九ページ。

(18) 当時を回顧して小堀保行は、「今にして回顧すると軍票が危なげによちよち歩きをして居り軍配各部と其の傘で機構もまだ充分其の基盤が固まらなかった昭和十四年七、八月から約七、八カ月は実に苦しく毎日々々が息詰まる思いで暮らした。軍票相場を眺めつつ夜も枕元にメモをおき明朝は何をどれ丈売る手配をしようかと夢幻になりつつ思いに耽る」（小堀保行未定稿）毎日だったと述べている。

(19) 中支那軍票交換用物資配給組合『業務概況報告書』一九三九年下半期。なおこの数字では部によって取扱商の信認金が五〇〇〇円のものもある。またこの資料は一九四〇年五月作成のものだが、なぜか、一九三九年下半期の綴込み資料に収められている。

(20) 同上書、一九四〇年上半期。

(21) 清水前掲書、二〇ページ。

(22) 小堀氏の談話によれば、「最盛期は付属組合員を加えて職員の数は三千五百余人、支店は北京、漢口、東京など全部で三〇カ所におよび、五年間に扱った物資はざっと五〇〇億円にたっした」と述べた。表3-1（『支那事変軍票史』）が五年間で約六億円弱と配給額を記している点について、小堀氏は言下に「五億や六億のはした金で、剰余金七億円は生み出せない」として五〇〇億円の信憑性を主張した（以上は一九八七年七月二三日小堀氏聞取り調査による。小堀保行未定稿にもほぼ同様のことが記述されている）。

(23) 中支那軍票交換用物資配給組合『業務概況報告書』一九四〇年下半期。

(24) 同上。

(25) 同上。

(26) 同上。

(27) 中支那軍票交換用物資配給組合『極秘綴昭和十四―昭和十五年』。

(28) 中支那軍票交換用物資配給組合『昭和十六年度上半期業務報告書』三ページ。

(29) 中支那軍票交換用物資配給組合『昭和十六年度下半期業務報告書』一ページ。

(30) 個々の統制団体のくわしい内容については、中支那軍票交換用物資配給組合『昭和十七年度上半期業務報告書』五一ページ以下参照。

(31)同上書、四ページ。

(32)同上書、三ページ。

(33)同上。

(34)中支那軍票交換用物資配給組合『昭和十七年度下半期業務報告書』三ページ。

(35)同上書、四ページ。

(36)中支那軍票交換用物資配給組合『昭和十八年度上半期業務報告書』一―二ページ。

(37)同上書、六ページ。

(38)清水前掲書、一六六ページ。

(39)同上。

(40)同上。

(41)「念書」をとったことについて『横浜銀行全史』も「正金は各出資者から新銀行株式を担保として提供させるとともに、正金保管の海関収入預金を融資に対する引当とし、海関預金運用のために買取った外貨を売渡すと同時に、そのような取扱に基づき将来発生することあるべき損害に対しては政府の補償を受けることに大蔵大臣の了承を得た」(東京銀行『横浜正金銀行全史』第四巻、一九八二年、五六〇ページ)とのべていた。

(42)華興会『華興商業銀行回顧録』一九六四年、三四ページ。

(43)当時を回顧して吉村知彦は「華興券は朝に華興銀行の金庫を出て、夕方は全部銀行の窓口に帰ってくる、誠に几帳面な銀行券であった。已むを得ず、せめて他行の金庫に一夜なりとも夜遊びをしてほしいと日本側の銀行に頼んで廻る始末であった。併し日本側銀行といえども、そうそう資金を寝かせておく訳にはいかない。虹口の入口にある当総行のカウンターを出た華興券の札束は真っすぐガーデン・ブリッジを渡って、バンドの日本側銀行の出納室の窓口に入り、打ち掛けも帯も解かずそのまま我が家恋しく、当行の金庫に帰ってくる。他人に顔を見られることさえいとう深窓の生娘であった」（同上書、五一ページ）と述べていた。

(44) 日本銀行調査局『東亜経済事情』第八号、一九四〇年五月、四三ページ。
(45) 華興商業銀行『経済彙刊』臨時増刊号、一九四一年三月、三ページ。
(46) 華興商業銀行『経済彙刊』臨時号、一九四二年二月、四ページ。
(47) 当時を回顧して立石要は「当行の金利は月一分四厘程度で、中国側銀行では月二分四厘から三分であったと記憶する」（華興会前掲書、六五ページ）と述べていた。
(48) 同上。また当時の華興商業銀行の農村合作社金融については具島洋一「或る出向の思い出」（勧友会『勧友会会報』第一六号、一九六四年一二月）参照。
(49) 華興会前掲書、六五ページ。

第四章　太平洋戦争への道

はじめに

日米開戦一年前の一九四一年一月から三月にかけて行われた物的国力判断のなかで、岡田菊三郎戦備課長は、南方武力行使を無謀と退け、英米との協調下での実力要請を提言している。[★1]戦備課長とは日本の戦争遂行にあたっての軍備全般に責任を負う部署である。その実質的な長がそう判断し、報告を聞いた参謀本部戦争指導班が、南方進出など思いのほか、ひたすら支那事変処理に邁進すべし、[★2]と判断したという。

しかし、その後の推移を見るとこうした理性的な判断はどこへやら、実質的にはひたすら対米戦争へと突き進んでいったのである。

これを「無知」、「無謀」と片付けるのは簡単だが、では、なぜ無謀とも思える対英米戦争へと日本は突き進んだのか。本章の課題は、日本がなぜ対米戦争へ踏みきったのか、日本軍が採用した戦略と欧米が採用した戦略との間にどのような相違があり、その相違がどんな結果を生み出していったのか。戦争前と戦後を貫く日本と欧米の国策にどんな相違が見られ、それが戦争の推移にどんな影響を与えたのかをみてみることである。

第一節　日中戦争への道

日中戦争期参謀本部戦争指導課に籍をおいて作戦を指導してきた堀場一雄は、戦後日中戦争から太平洋戦争までの一連の日本軍の作戦を総括して以下のように記している。

「日本自体の内省に於て之を観るとき、国策山海関を越えて支那事変あり。国策鎮南関を越えて大東亜戦争あり。蓋昭和十年六月以降に於ける北支進出は、支那事変を誘発して満洲建設を破綻せしめ、又十五年九月以降に於ける仏印進出は、大東亜戦争を誘発して支那事変を破綻せしめたり[★3]」。

彼は同書のなかで、戦争拡大の構図を考えるとき、日本軍が山海関を超えること、さらには鎮南関を超えることは絶対に阻止すべきであった、と反省しているのである。つまりは、ここで日本軍の攻撃を止めていれば、日中戦争も太平洋戦争もなかった、と堀場は結論づける。

では、堀場の日中・太平洋戦争史観は正しいのだろうか。まず、クロノロジカルではあるが、日本軍の満洲事変以後の動きを見てみよう。

一九三一年九月　満洲事変勃発
一九三二年三月　満洲国建国宣言
一九三三年二月　熱河省侵攻
一九三三年四月　関東軍華北侵攻開始、中央の反対で撤退
　　　　五月　塘沽停戦協定
一九三五年六月　国民政府軍事委員会北平分会長何応欽、北平・天津地区からの中央軍や国民党部の撤退、排日禁止などの日本軍の要求を承認（梅津・何応欽協定）
　　　　六月　チャハル省代理主席秦徳純、チャハル省からの国民党部の撤退・対日協力の促進などの日本軍の要求を承認（土肥原・秦徳純協定）

一九三五年六月日本軍は河北省に侵攻、華北分離工作を実施し、一一月には殷汝耕を委員長とする冀東防共自治委員会を設立させた。これをきっかけに中国全土で反日運動の嵐が巻き起こり、その大きなうねりが一九三六年一二月の西安事変と国共合作による抗日の動きを生み出し、日中全面対立のきっかけとなる盧溝橋事件を引き出すこととなる。日本人でありながら中国人として一九三五年から三八年まで北平（北京）で女学校生活を送った女優の李香蘭（大鷹淑子）は、この時期の反日運動の盛上がりのなか、抗日集会で決意を問われ、「北京の城壁の上に立つ」と答えたという。城壁に立てば、日中両軍のいずれかの砲火の標的となるが、それが自分の立場だというわけである。★4
たしかに日本軍が河北省東北部に侵攻し、ここに中国侵略の橋頭堡を築いたことをきっかけに、国

共合作という従来にない中国統治ルールの変更を生み出したわけで、西安事変前と後では日中衝突の重要性が大きく異なってきていた。こう考えてみると、堀場の言う「国策山海関を超えて支那事件あり」という見方は、日中戦争への道を喝破した名言として傾聴に値しよう。

第二節　北部仏印進駐

こうして日中戦争が始まる。一部の軍人や政治家の心配を裏書するように、日中戦争は長期化し、戦線は膠着し、蔣介石重慶政権への援蔣ルート遮断を目指す日本軍の作戦は、仏印ルートの破壊を目的に北部仏印進駐を生み出すこととなる。★5

では、この北部仏印進駐の動きをクロノロジカルにもう少し詳しく見てみよう。

日中戦争を拡大し続けた日本軍は、戦線を華中から華南に拡大し三八年二月には海南島占領作戦を展開した。さらに日本は戦線を南下させ仏印のハイフォンからハノイを経由して雲南にいたる雲南鉄道を通じた援蔣ルートの中止を要請した。雲南から重慶までは鉄道での物資輸送が可能だった。仏側はこれに応じ、日本は西原一策を機関長に監視団を派遣した。他方日本軍は、広東から昆明への侵攻を計画し三九年一一月には広東からさらに奥地の南寧を占領した。しかし日本軍にとっての侵攻はここまでが限度で、しかもこの占領拠点を維持することはきわめて困難な状況だった。

他方四〇年に入ると欧州戦線が動いた。六月にはドイツ軍がパリに入城しフランスが二分されて、北部のドイツ直接占領地域と別れて南部に親独ヴィシー政権がスタートした。日本は、このヴィシー政権と交渉、対蔣軍事作戦のため近衛旅団を軸に南寧を占領したまま動けない第五師団を含む印度支那派遣軍を編成、北部仏印通過もしくは該地の基地化を計画、八月以降松岡外相はアンリ・フランス大使と中央交渉し、さらに現地では西原に代わり南進強硬派の佐藤賢了を現地に派遣し交渉を展開した。佐藤は参謀本部軍務局員時代の一九三八年国家総動員法審議中質問に立った議員に対し、「黙れ」と叫んで物議をかもした人物である。この間仏印総督も、親日的といわれたカトルーからドクーに交代していた。佐藤と並び富永恭二参謀本部作戦部長も強硬な南進派であったが、彼も武力行使も辞さぬ強攻策で交渉に臨み九月四日に現地協定が成立した（西原・マルタン協定）。しかし、その直後に日本軍部隊の越境事件が発生、仏印側は協定違反を理由に交渉の打ち切りを宣言、交渉は中断した。九月一四日富永が全権を帯びて現地派遣され、彼は武力進駐をも含んで現地独断指示で交渉に当った。進駐の時期、兵力、地域、使用基地数などで意見の相違があったが、二二日協定が成立、調印の運びとなった。しかし、この協定成立の報が現地で生かされぬまま、武力進駐か平和進駐かをめぐる陸海軍の方針の対立を含みながらなし崩しで武力進駐が推進された。この結果武力進駐した日本軍と仏印軍との間で戦闘が勃発、日本軍はランソンを占領した。他方ハイフォンに待機していた海路進駐部隊も武力進駐を主張する陸軍とそれに反対する海軍部隊の間で意見の対立を生じ、海軍の援護がないままに強行上陸が行われた。こうした既成事実の積み重ねのなかで九月二六日陸海軍は九月四日に締結された西原・マルタン協定を追認したのである。[★6]

第三節　国策の混迷――激動の磁場――

以上が日本軍の北部仏印進駐の経緯だが、先の華北進出と異なり、日本軍の目的がいまひとつ明確ではない。目的をあげれば一つは、北部仏印からの援蔣ルートの遮断がある。しかし、援蔣ルートの遮断だけであれば、西原監視団の派遣で済むことで、何も印度支那派遣軍を編成し仏印北部を軍事占領する必要はない。したがって、ここでは宗主国フランスがドイツに占領されたなかで、一歩進めて北部仏印の基地化という目標が新たに浮かび上がってくる。しかし、もう一つの隠された目的は、南寧を占領した第五師団を面子を潰さずにいかに上手に撤退させるか、という課題である。富永が強引に第五師団を含む印度支那派遣軍を編成したというのは、そうした意図を含んでいたからであろう。つまり堀場は「国策鎮南関を超えて大東亜戦争あり」と記したが、国策自体が分裂し明確ではなかったのである。

しかし国策の不明瞭さは、北部仏印進駐から始まったことではない。すでに一九三九年八月の独ソ不可侵条約の締結を前に「欧州情勢は複雑怪奇」という迷言を残して辞任した平沼騏一郎の辞職劇は、伝統的な日本の国策決定のメカニズムがすでに機能しなくなっていたことを象徴的にあらわしていた。明治以来の伝統的な日本の国策決定のメカニズムとは、たえずその時々の超大国と連合し、その庇護のもとで世界情勢の変化を利用しながらアジアでの国益の伸張を図るというものである。しかし盟友と頼んだドイツがソ連と結ぶ姿を見た平沼は流動激しい欧州情勢を読みきれず内閣を投げ出したわけである。しかし国策の動揺はこれだけにとどまらない。一九四〇年春からのドイツ軍のベルギー、オランダ、フランスといった西ヨーロッパでの破竹の進撃は、明治以来の伝統的な国策ともいうべき、イギリス・アメリカ依存を捨てドイツへと身を寄せる動きを積極化させる。ドイツがいつドーバー海峡を越えてイギリスを屈服させるか、そのタイミングを計りながらいかに東アジアで勢力を拡大するかを模索したのである。しかしドイツのドーバー超えはずるずると引き延ばされる。この間決定打が出せないままに日本の国策は「南進か北進か」「英米可分か不可分か」「英米連携か独伊連携か」をめぐって揺れ動いたのである。

しかしこれは当時の状況からすれば不思議なことではなかった。なぜならこの時期のアジア太平洋地域は液状化状況にあり「激動の磁場」だったからである。

アジア太平洋地域が「激動の磁場」として「液状化」したのは、ここがヨーロッパの戦争と敏感に連動し、ヨーロッパの戦争が帝国同士の戦争と枢軸・反枢軸の戦争が絡み、しかも社会主義と反社会主義が関連した複雑な戦争で、それと日中戦争、アメリカの利害が絡んでくるという、二〇世紀のなかで最も複雑で先の読めない局面であったことがあげられる。明治以来イギリスと結び極東で伍してきた日本は新たなルールをキャッチできないままに華北侵出と同じ行動を実施したのである。

第四節　ルールの変更

しかし、日本軍が北部仏印進駐を計画し実施しているときに同時並行的に日独伊三国同盟が具体化しつつあった。そして、日本軍が北部仏印進駐を果たした翌日の九月二七日にこの枢軸同盟が発表されたのである。

英米のこの動きに対する反応は、一九四〇年六月に対日工作機械類の禁輸を実施し、七月には石油・屑鉄を輸出許可品目中に付け加えていった。そして九月一八日西原がマルタンに二三日午前零時を期限に日本は自主進駐するとの要求を突きつけたとき、アメリカは今まで抑えてきた対日全面禁輸を決定し、北部仏印進駐が行われるのを待って九月二六日に全等級の鉄鋼・屑鉄の禁輸を実施した。イギリスもまた七月一二日に一時閉鎖したビルマ・ルートを、一〇月一八日には再開した。日本と英米との対立は一段ときびしくなったわけである。

しかし、ここで明らかなことは日本の北部仏印進駐とは別の動きのなかで、世界的なルールの変更が進行していたという事実である。つまり、ドイツ・イタリア・日本を軸とする枢軸側と英米仏蘭を軸とした反枢軸の対立が一層鮮明となり、ソ連の動きが焦点となるなかで、かつてのアジア太平洋地域の「液状化」状況は、こうした二項対立の構図へと変身していたということである。一九三五年の日本軍の華北進出は、中国内のルールの変更にとどまっていたが、日独伊三国同盟の締結が生んだルール変更は、世界的規模の広がりと内容を持っていた。

このルール変更を射程に入れたなかで欧米は日本に対して対話と圧力をかけてきたが、それはあくまでも対話重視で、しかも日本に対して戦争へ踏み切ることを断念させるための対話であり、圧力だった。ハルノートに接した吉田茂は、これは最後通牒ではない。交渉の余地有り、と判断していたという。[7] しかし日本側はそうとは受けとめてはいなかった。「なぜ対米戦争をしたのか」と自問した前出の佐藤賢了は、戦争は錯誤の累積、万に一の勝算があり、戦いに正義あれば踏み切るべき、と自答している。一九四〇年初頭の日本に対する英米蘭の経済封鎖のなかで国運の「ジリ貧」を憂うる気持ちが対米戦争に向かったと回想している[8]が、それは、この英米のメッセージをほとんど理解せず、もっぱら圧力のみを意識して、対話を想定せずに行動していたことがわかる。陸軍大臣だった東條英機も同じで枢密院の会議では、対米戦を「死中活を求むべきのみ」[9]と述べていた。彼ら軍人たちの行動は、その特性として理解できぬわけではないが、しかし当時外務大臣だった松岡洋右も例外ではなかった。松岡は、日独伊にソ連を加えた四国同盟でアメリカにプレッシャーをかけて難局を乗り切る戦略だったわけで、圧力重視の思考回路は軍人のそれと大同小異だったといえよう。松岡は枢密院での三国同盟審議において「今日支那より手を引き、南進を止めることは可能なりや」と問うて、「之を不可能とせば、日米戦争は不可避なり。本条約(三国同盟)は之を阻止せんとするものなり」と述べている。[10] 松岡は、別の発言で「我が南洋発展の途上日米戦争の危険甚だ大なり。独力にて之を回避することは難し。故に独逸を我方に引き付けて我が地歩を強固ならしめんとするなり」[11]とも表明している。いわば、三国同盟は日米戦争回避のための圧力なのだ、というわけである。

他方アメリカ側の方は戦略はどんなものだったのか。日中戦争の拡大とともにアメリカの対日認識は厳しさを増していった。そして一九四一年九月時点でのアメリカの世界戦争の基本戦略は「米国総合生産必要物に関する陸海軍統合局予想書」を通して窺うことができる。それによれば、この時点でのアメリカの課題は、世界的範囲での米国の安全の保障のためにイギリス、オランダ、中国、ロシア、自由フランス、ドイツ支配下の反独勢力と結合してそれにふさわしい力の均衡を確立することにあるとする。その上で、日本の目的はシベリア、中国、仏印、タイ、マラヤ、蘭印、フィリピン、ビルマを含む「東亜共栄圏」の確立にある、としている。そしてアメリカの支援が無ければ、英蘭は日本のこうした野望を阻止することは困難であると予想している。そうした想定の上で「陸海軍統合局の確信するところでは、米国ならびにその連合諸国の第一の重要目標は、ドイツの完全な軍事的打倒にあるべきである。もしドイツが敗北するならば、そのヨーロッパ体制全体が崩壊するであろう。またそのときには、もし日本がすでに自国の力を完全に確立しおえ、他方米国ならびにその連合諸国が、日本を敵にして戦争を継続するに足る精力を出すことができなくなっている場合を除いては、日本はその領土上の利得の多くを放棄せざるを得なくなるであろう」と想定したのである。そして「経済封鎖の強化は、ここしばらくの間は、ドイツおよび日本に対して用いうるもっとも有効な攻撃方法であるように思える」と述べていた。★12

アメリカは、日本の出方をいく種類か想定した上で、これ以上の領土の拡大は承認しない。しかし経済封鎖がもっとも有効な戦略として実施するが、もし戦争になった場合には、日本軍の強力な軍事力で一時的成功は収めるかもしれない。しかしアメリカにとって重要なのは当面ドイツであって日本ではない。ドイツさえ打ち破ることができるなら、日本は、ドイツ敗北後に攻撃しても充分片をつけることができると想定していた。日本の目先の戦略とアメリカの長期的展望での戦略の相違が明確であろう。しかもアメリカの戦略は、日本の三国同盟交渉がスタートする時点とほぼ同じ一九四〇年時点から一年以上にわたる英米連合の参謀・幕僚の共同協議の結果であった★13ことを考えると、三国同盟の動きを契機としたアメリカ側のルールの変更と英米の長期的展望がうかがい知れるのである。ルールの変更をもたらした日独伊三国同盟の締結の動きと日本軍の北部仏印進駐の動きが重複したことが、欧米との大局的観点からの対話と交渉をやりづらくさせたことは否めない。軍人は、この北部仏印進駐を対米戦との関連で思考する行動様式を一層鮮明にさせたからである。翌四〇年六月の南部仏印進駐で、日本軍は北部仏印進駐時にはさほど重要な契機とならなかった対米戦争の課題を真正面から掲げることになるし、アメリカもこれに対して最後通牒準備の方向へと一歩歩みを進めるからである。

もはや対話で後退できる限界点は、過ぎ去りつつあった。

第五節　日本の殲滅戦略とその破綻

アジア太平洋戦争の展開は、マラヤ半島のタイ・英領マラヤ国境の都市コタバルへの日本軍の上陸作戦で始まった。海軍機動部隊のパールハーバー奇襲の約一時間前にすでに戦端はアジアで開かれていたのである。★14 その後日本軍は、翌一月までにマニラ、香港、ビスマルク諸島のラバウルを、二月にはスマトラ島パレンバン、シンガポールを、三月にはジャワ島とビルマのラングーンを占領した。そして五月にはビルマのマンダレーを落とし、同月マニラ湾入り口のコレヒドール島要塞に立てこもり最後まで抵抗してきた在比米軍が降伏した。ミッドウエーで日本海軍機動部隊が大敗を喫する一か月前のことであった。

コレヒドールでの抵抗を最後に日本は約半年で西はビルマから東はビスマルク諸島、北はアリューシャン列島のアッツ、キスカ両島から南はチモール島までの広範な領域を占領し、ここから英米蘭の勢力を一掃したのである。アメリカが「米国総合生産必要物に関する陸海軍統合局予想書」で想定したとおりに事が進行したことになる。この間中国戦線では際立った作戦は展開されていない。支那派遣軍司令官だった畑俊六は中国戦線を視察して歩いているが[★15]、在中日本軍の南方戦線への抽出に不満の言葉を残していた。

いずれにせよ、緒戦は日本軍による殲滅戦略の勝利であった。一般に戦争とは、短期的な決戦を目指す殲滅戦略での戦争と、長期的な持久戦を目指す消耗戦略による戦争に二分される。そしてアジア太平洋戦争とは、日本の殲滅戦略と欧米の消耗戦略の激突であったと考えている。殲滅戦略を支える原動力は、その国の軍事力や産業力といったハードパワーである。一方、消耗戦略の場合は、軍事力、産業力もさることながら政治力や外交力、さらには国家の文化的な魅力を含むソフトパワーによる戦いとなる。緒戦で殲滅戦略を採用した日本軍は、軍事力を集中的に投入することで、植民地軍主体で戦意に乏しい東南アジアの軍隊を粉砕した。その際、すぐに色あせるとは言え、英米植民地支配者を駆逐するという意味でも国家の文化的な魅力を幻想としてふりまくことも可能であった。

日本が短期見通しで殲滅戦略を展開し一九四二年末までに「大東亜共栄圏」をつくりあげたのに対して、連合国側はすでに見たようにヨーロッパ第一主義の立場から太平洋地域は対峙の消耗戦略を採用する。

しかし一九四二年五月からはやくも日本軍の殲滅戦略は破綻を開始する。東南アジア主要地域を占領した後どうするかで陸海軍は対立し、明確な展望を持たぬままにはじめた米・オーストラリア輸送路切断作戦は、五月には珊瑚海海戦で米海軍に出鼻をくじかれ、さらには六月ミッドウエー攻略の失敗から海軍は主力空母四隻と熟練パイロット多数を失う大敗北を受け、八月から一一月にかけて行われた日米死闘のソロモン沖海戦ではレーダーを駆使した米海軍の科学力の前に日本海軍は圧倒され敗退した。結局制海権、制空権を失った日本軍は、ソロモン海域からの撤退を余儀なくされ、一二月には「大東亜共栄圏」東南端のガダルカナル島からの撤収を決定したのである。それが完了したのは翌四三年二月のことであった。米軍の反撃は当初想定されていたより一年以上早かったのである。[★16]しかしこのガタルカナル島からの撤収は殲滅戦略の破綻であり、これを契機に日本軍の敗走が始まった。五月にはアッツ島が玉砕、六月には東部ニューギニア北岸での敗退が連続した。九月日本は「絶対的国防圏」を設定し、千島、小笠原、内南洋、西部ニューギニア、スンダ、ビルマの死守を決定した。しかし、同年一一月にはギルバード諸島のタラワ、マキン島が玉砕、四四年に入ると米軍の攻撃の矛先はフィリピン、サイパンへと向けられ、六月にはサイパン島守備隊が玉砕した。こうして、日本の殲滅戦略は緒戦の勝利を除けば悉く破綻していったのである。この間中国戦線では、重慶攻略という日中戦争期の目標は断念され、大陸からの米軍機による本土空襲を防ぐための在中米軍基地攻撃が積極化した。しかし、兵力の分散は、占領地の長期確保を不可能としていった。

第六節　欧米の消耗戦略

欧米側は、たしかに緒戦においては日本軍の殲滅戦略の前に敗退を余儀なくされた。しかしすでに見たように、その敗退は僅かに一年足らずで、即座に反攻を開始した。

欧米が採用した戦略は消耗戦略だった。ルーズベルトの対日戦略は、英米ソ中の緊密な連携の下でドイツの敗北を第一義的に考え、本格的な対日戦はその目途がついた後とするという点であり★17、しかもその戦略は直接的軍事攻撃もさることながら、経済封鎖によって破滅へと追い込む戦略だった。また軍事作戦も、アメリカを巨大な兵器廠とすることで、圧倒的物量を駆使して、英米の緊密な連携の下で実施されることが計画された。すでに一九四一年八月にはルーズベルトとチャーチルは大西洋上で会談し、民主主義に基く戦後国際社会のあり方をビジョンとして提示していた。その後米英ソ中の代表は、ドイツ敗戦後の四五年七月のポツダム会談にいたるまで頻繁に首脳会談もしくは事務レベル級の会談を重ねて基本的戦略を練り直している。対するに日独伊の三か国はこの間会談らしい会談は皆無である。僅かに事務レベルでの会合や潜水艦を使った連絡は行っているが、英米ソ中と比較すると無いに等しい。

日本側は、独伊首脳とは会談を行っていないが、一九四三年一一月には日本、満洲、タイ、フィリピン、ビルマ、中国汪兆銘政権の代表を集めて大東亜会議を開催している。外相重光葵のリーダシップのもとで、対支新政策、ビルマ・フィリピンの独立を踏まえた「大東亜協同宣言」が出されたが、脱植民地化を図るには至らなかった。★18 殲滅戦略を主体とする日本軍の特質からして、独立問題も純粋軍事的視点から発想され具体化されたのである。それを実質あるものにするためには東南アジアでの独立運動との結び付きいかんが重要な意味を持った。東南アジア各地の政治指導者たちの質と量が戦後にいたるこの地域での独立運動の性格を決定する主導要因となっていった。

おわりに

北部仏印進駐から始まる日本軍の東南アジア占領政策は対話なき圧力と殲滅戦略の展開に他ならなかった。したがって、外交が参与する余地はすこぶる少なくなっていたといえる。しかも軍事展開も主敵一掃までは明確だが、その後の展開は長期的展望の上での消耗戦略を有していない分だけ揺れ動き一貫性に乏しかった。日独伊三国同盟とはいっても殲滅戦略を採る日本軍には軍事的作戦では、コーカサスから西進するドイツに呼応したインドへの侵攻といった共同歩調の兆候こそ見られたが、長期的戦略での協議や検討は、首脳レベルはおろか事務レベルでも乏しかった。わずかに潜水艦を使用した電子兵器などの情報交換が細々と行われたに過ぎない。三国同盟以降でもドイツはラングーン経由で中国向け武器を揚陸させる動きが見られたほどで、独ソ不可侵条約に加えてこうした一連のドイツの行動は、一部熱狂的な親独派と並存して日本のドイツ不信を増加させた。

対するに欧米は、ドイツ打倒を第一義的に考え、消耗戦略に基き長期的展望で戦争へと踏み込んだ。

日本が英米の打倒すべき最大の敵・ドイツと結んだことは、日本が想定する以上に欧米を刺激し、その動きを待って世界政治のルール変更が生じたのである。もっとも、当事者である日本は、この事実を認識することなく従来のルールにしたがって華北へ侵攻したときと同様の行動である北部仏印進駐を繰り返した。華北の場合にもルール変更を生み出したが、それは中国国内での国共合作という変化にとどまっていた。ところが北部仏印進駐は、三国同盟締結と重なったが故に世界ルールの変更として、欧米と正面から対決する運びとなったのである。

ここでも日本軍はこの変更に気付くことなく対英米戦へと突入していく。他方欧米は、消耗戦略のもと政治・外交に民主主義というイデオロギーを付加して殲滅戦略を破綻に追いやり、戦後世界を想定したルール創りの完成を急いだのである。

［注］

（1）日本国際政治学会太平洋戦争原因研究部『太平洋戦争への道6　南方進出—開戦外交史』朝日新聞社、一九六三年、二六二—二六三ページ。

（2）同上書、二六三ページ。

（3）堀場一雄『支那事変戦争指導史』原書房、一九七三年、七三八ページ。

（4）山口淑子・藤原作弥『李香蘭　私の半生』新潮社、一九八七年、七九ページ。

（5）小林英夫『日中戦争——殲滅戦から消耗戦へ』講談社、二〇〇七年、参照。

（6）防衛庁防衛研修所戦史室『戦史叢書　大本営陸軍部大東亜戦争開戦経緯　2』朝雲新聞社、

一九七二年。
（7）原彬久『吉田茂』岩波新書、二〇〇五年。
（8）佐藤賢了『東條英機と太平洋戦争』文藝春秋社、一九六〇年、二七五ページ。
（9）深井英五『枢密院重要議事覚書』岩波書店、一九五三年、八〇ページ。
（10）同上書、八五―八六ページ。
（11）同上書、七九ページ。
（12）高光佳絵『アメリカと戦間期の東アジア』青弓社、二〇〇八年、およびロバート・シャーウッド（村上光彦訳）『ルーズベルトとホプキンズ　I』みすず書房、一九五七年、四四二―四五〇ページ。
（13）同上書、四五〇ページ。
（14）佐々木隆爾・高嶋伸欣・山崎元・木畑洋一・深澤安博・山田朗編『ドキュメント真珠湾の日』大月書店、一九九一年、第二部参照。
（15）畑俊六は戦線視察に飛行機を多用していた（『続現代史資料4　陸軍　畑俊六日記』みすず書房、一九八三年）。
（16）参謀本部編『杉山メモ』原書房、一九六九年、一七ページ。
（17）Walteer Lafeber, *The Clash: US-Japanese Throughout History*, New York, 1997, p.200.
（18）波多野澄雄『太平洋戦争とアジア外交』東京大学出版会、一九九六年。

第五章　日本の東南アジア占領地経営——労務政策を中心に

はじめに

本章の目的は、第二次世界大戦中の日本軍の東南アジアでの労務動員政策を検討することにある。戦闘状態が継続したまま敗戦を迎えたこの地域の占領地経営は、統治機構の整備→土地調査・幣制統一事業→道路・鉄道・通信網の整備→産業開発へと進む余裕もないままに作戦行動が最重要課題であったがゆえに、労務動員は、おのずと最重要課題にせり出していったのである。

「大東亜共栄圏」全体の労働問題を扱った初期の研究としては小林英夫『「大東亜共栄圏」の形成と崩壊』（御茶の水書房、一九七五年）、および後藤乾一「『労務者問題』の政治社会学」（後藤乾一『日本占領期インドネシア研究』、龍渓書舎、一九八一年）、倉沢愛子『日本占領下のジャワ農村の変容』（草思社、一九九二年）、疋田康行編『南方共栄圏』（多賀出版、一九九五年）をあげることができよう。

小林、疋田が「大東亜共栄圏」全体を考察の対象としたのに対し、後藤と倉沢はともにインドネシアのジャワ島に焦点をしぼりこみながら、ジャワ島での労務動員の実態を分析した。また、Sigeru Sato, *War, Nationalism and Peasants-Java under the Japanese Occupation 1942-1945*, Allen and Unwin, Australia, 1994. でもジャワ島の労務動員にふれ、玉城素編『土木』（日本経済評論社、一九九三年）でも東南アジアの土木事業についてふれている。

このように労務動員に関する研究は、ジャワ島に集中し、そのほかでは、「泰緬鉄道」問題などの個別的テーマで研究が進められた。★1

本章では、第二章で指摘した南方業者指定をふまえ、社史を使った研究が進んでいる鉱山、工場での労働動員や鉄道部隊などの軍建設部隊、日本の土木建設企業での労働動員を中心にしてその活動の実態に接近することで、戦時下東南アジアでの労務動員政策の実態に接近することとしたい。

第一節　労務動員政策の立案

1　労務動員の全体的特徴

太平洋戦争下の労務動員政策の特徴は、その極端なまでの統制にある。日本は、すでに日中戦争下の一九三八年四月に国家総動員法を制定し、労務動員統制の法的整備を完成していた。この法律の意図するところは、労働者を「人的資源」と位置づけ、募集、就業の全体的側面を国家統制の枠内に位置づけた点にある。そして、この法律の適用範囲は事実上日本国土はいうにおよばず、朝鮮、台湾、樺太、南洋諸島にまで及んでいた。★2

日本の国家総動員法は、当初、その及ぶ範囲が広範なため日中戦争には適用しないと近衛内閣が明言していたにもかかわらず、★3戦線が膠着化した一九三八年八月以降「学校卒業者使用制限令」をかわきりに、つぎつぎと発動されていく結果となった。

ところで、日本とその周辺地域である朝鮮、台湾、樺太、南洋諸島、そして満洲国を除く、いわば、国家総動員法適用以外の地域ではどのような労務動員立法が施行されていたのか。中国占領地区では、支那派遣軍が、東南アジアの日本軍占領地区では、各現地軍がそれぞれ独立した方針の下でそれぞれ労務動員を計画し、軍管区を越える労務動員は、現地軍相互での労務協定により行われていたのである。

以下では、東南アジア占領地区の労務動員の実態をみてみることにしよう。

2　南方地区での労務動員

まず、本章考察の前提として日本の東南アジア占領地での労務動員政策の展開を概観しよう。実は一九四一年一一月に出された「南方占領地行政実施要領」から一九四五年一月に出される「決戦非常措置要領」にいたるまで、★4大本営政府連絡会議に代表される軍中央レベルでの決定には、労務問題は、抽象的レベルでの言及を除けば、ほとんど登場してこないのである。

南方占領地の経済対策の基本方針を定めた「南方経済対策要綱」でも状況は同じで、労務問題への言及はない。ただし、日本が守勢にまわった一九四三年五月に決定された「南方甲地域経済対策要綱」になると、蘭印、フィリピン、マラヤ、ビルマなどに対して「重要国防資源ノ獲得」「現地自給」「現地民生ノ維持」をはかるといった開戦直前に決定された「南方占領地行政実施要項」の内容にくわえて、新たに「万般ノ経済対策ハ徒ラナル画一主義及帝国国内施策ノ模倣ニ堕スルコトナク各地域ノ特性ト其ノ現状トニ適応スル如ク之ヲ行フト共ニ局地主義ヲ排シ南方各地域間ニ於ケル物資、労務者等ノ彼此流通ヲ促進スルニ努ム」とうたい、物資とならんで、労務者の移動の必要性が強調されはじめる。★5 しかしそれもごく抽象的なレベルにとどまっている。しかし、一九四四年一月の「昭和十九年度軍政施策ニ関スル指示」になると「労務ニ就テ」なる一項目が立てられ「各軍ニ於テハ労務動員計画ヲ策定シテ各地域毎ニ之カ充足ヲ図ルニ努メ其ノ絶対不足分ニ就テハ爪哇ヨリノ移動ヲ総軍ニ於テ計画ス」★6 ることを明示していた。

以上は中央レベルであるが、各現地軍レベルになると労務問題は重要課題として登場する。実際、労務問題は、原則として各軍管区単位で自活経済が求められた日本軍政下では、現地軍レベルではじめて具体的問題となったのである。

それは、現地軍相互の労務協定というかたちで現れた。我々が知り得る具体的な労務協定で比較的早いものは、南方軍総参謀長と南西方面艦隊参謀長との間で一九四二年一一月二〇日に取り交わされた「物資交流等ニ関スル陸海軍現地協定」で、「物資交流」「敵性工場等の管理」とならんで「労務調達」が掲げられていた。[7]

また第十六軍参謀長と第二南遣艦隊参謀長との間で一九四三年七月一〇日に「労務供出ニ関スル陸海軍現地細目協定」が締結されるが、それによれば、労務供給は「毎年之ヲ協定ス但シ半年毎ニ送出計画ヲ設定スル」、海軍側は諸経費として「労務者一人当リ一五盾《ギルダー》」を陸軍側に交付する、労務者の募集は「基本賃金初給額ハ労務者一人ニ付キ日給五十仙《セント》」「契約期限ハ一年……但シ合意ニヨリ契約ヲ継続又ハ更新」することが可能、海軍側は「労務者及其ノ家族ノ為無料ニテ住居ヲ支給」し「無料ニテ医療ヲ行」い、郷里に家族を残す場合には「労務者ノ給料ヨリ毎月三盾」を支給する、「特殊技能ヲ有スル労務者ノ供給」に関してはその都度陸海軍間で協議するとなっていた。[8]

こうした状況下で一九四三年一〇月には「南方各軍労務主任者会議」が開催されたが、それは、ジャワとそれ以外の地域との間の「労務需給調整」を行うことが目的であった。[9]以降各軍の管轄地域間で労務供給体勢が形成されることとなる。

その労務調整状況については、その全体像を把握することは困難であるが、こうしたかたちで各現地軍ごとに労務動員が展開されたのである。

しかも、各現地軍ごとに労働動員だけでなく、労務関連法規が制定されていった。『治官報』（ジャワ）『富公報』『馬来公報』（マラヤ）『軍政関係法令集』（フィリピン）などを見ると、給与水準を法律で明示し、賃金の高騰を防止する前提としての物価の統制令や暴利取締令が公布された。[10]そうした賃金の法的制定は、労務動員による賃金のトラブルを強権的に法的に押さえていこうとする動きだったといえよう。軍政当局が厳しく賃金統制を実施した理由は大規模に労働者を移動させるにあたって生じる賃金上のトラブルを避けたいという配慮があったものと思われる。特にそうした配慮は、労働者を送りだすジャワだけにとどまらず、それを受け入れる地域においても必要だった。そのために、各現地軍の官報の類は一様に賃金統制政策を実施していった。後述するように、二〇万人以上の労務者がジャワから東南アジアの日本軍占領地に送られていったが、彼らの賃金はこうした処置で低く抑えられていたのである。堺誠一郎はゼッセルトン（現地名はアピ、現在のコタキナバル）からキナバル山の麓をサバの奥地に分け入った経験をもとに一九四二年一一月に『キナバルの民——北ボルネオ紀行』を出版したが、そのなかで堺はインド人の主任書記官から、案内人の日当は六〇銭以下に、人夫は三〇銭以下におさえるようにとのアドバイスを受けている。「それがこのあたりの相場であるし、これから飛行場その他の建設に人夫を大勢使う場合この値段を狂わせると困るから」、というのがその理由であった。[★11] 事実、堺が旅行する数か月まえの一九四二年六—七月頃より、日本軍はジャワからのロームシャ（建設労働者。日本語の労務者がそのまま現地語として使用された）を入れて北ボルネオの飛行場六か所（アピ、サンダカン、ケニンガウ、タダト、タワウ、ラブアン）とアピを中心とした道路網の建設に着手しており、労働者不足による労賃高騰を防ぐ必要が出てきていた。[★12] 人夫の日当三〇銭というのがこの地域の最高賃金だったのである。

第二節　民間企業の進出と労使関係

1　陸海軍協力会の活動

太平洋戦争中、東南アジアの英米企業は日本軍に接収され、その企業経営は日本企業に受命された。受命企業の決定は、受命経営を希望する業者が、商工省や陸海軍省に出向・陳情し、了解をとりつけた上で書類を作成、一括して企画院の第六委員会の審議にかけられ、ここで最終的に決定された（なお、一九四二年一一月からは企画院の第六委員会の廃止にともない大東亜省連絡委員会がこの任にあたった）。

会社、鉱山、農園などの受命経営はこうして決定されたが、土木建築業の事業割り振りは、土木建築業者の陸軍の統制団体である軍建協力会（一九四一年一二月結成）と海軍の海軍施設協力会（一九四二年三月）がおこなった。したがって、東南アジア占領地で土木建設事業を行う建設業者はこの双方、もしくはいずれかの団体に所属していたのである。この陸海軍協力会の手で東南アジアの日本軍占領地域での建設事業の受注が決定された。この結果、それぞれの地域には次のような割り振りで業者が進出した。フィリピン→佐藤工業・飛島組・銭高組（後に松村組・浅沼組参加）、ジャワ→藤田組・大林組・小林組、マラヤ→清水組・大倉土木・鹿島組・戸田組、ビルマ→鉄道工業、スマトラ→清水組・大倉土木・鹿島組・西松組・戸田組・大林組、ボルネオ→藤田組・大倉土木、セレベス→大倉土木・鹿島組・鉄道工業・清水組、ニューギニア→鉄道工業・岩倉組、仏印→鴻池組。

この縄張りは大変厳格だったようで、それに従わないとみなされた藤田組は北ボルネオで事実上操業できなかったという。★13

では、受命した日本企業は、そこでどのような企業経営をおこなったのか。ここでは、主に労務管理に焦点をあててその実態をみてみることとしたい。

2　製造業

東南アジアに進出した製造業ではどのような生産が行われ、その下でどのような雇用関係がつくられたか。ここではシンガポール、ジャワといった陸軍地域とボルネオやセレベスといった海軍地域に分けてその稼働状況、雇用関係について概観しよう。

シンガポールには一九四四年一月現在で鉄工業関連会社数は、華僑系が戦前一〇六社、戦後七四社で合計一八〇社、労務者二五八四人で、このほかに外国系工場一社、日本系工場一七社があったという。しかし、その操業度を溶鉄作業で見た場合、その程度は「熟練工ノ不足」「銑鉄屑鉄ノ不足」「木炭コークス不足」「部隊管理の不備」で充分なものではなかったという。[★14]

同じことはジャワについても言うことができた。一九四五年四月の森文男のジャワでの凸版印刷工場、豊田自動車工場、自動車廠部品工場見学記録によれば、顔料薬品不足（凸版印刷）、造船に流れたための労働力不足、原材料不足（豊田自動車）、日本人の能力不足（自動車廠部品工場）などで、生産は見るべき成果を挙げていなかったという。[★15]両地域ともに、労働力や資材・原料不足のために操業がままならない状況に陥っていたことがわかる。

陸軍地域はそれでもまだ操業していたぶんだけましであった。海軍地域においては、運輸、林業、鉱業などが主たる産業であったが、製造業では木造船建造や修理がその中心を占めていた。しかし「事業着手後日浅ク特ニ諸資材入手難、所要労務者ノ不足、ソノ他特殊事情等アリ予期ノ如ク進捗セズ」(比律賓木材輸出)、「受命以来、建設用機械器具、資材ノ蒐集、買付ケニ従事、スデニ製材機、合板用機械、発動機等ヲ送リ現地工場大約完成、目下合板船型ト簡易型建設中ナレド、艦本資材予定通リ到着セバ合板船ト合板船型木造船ニ主力ヲ集中シタシ」(鐘淵工業)、「機械其ノ他資材ノ入手難、輸送難、労力不足」(ボルネオ造船所経営組合)、「設備用資材ハ殆ド購入済、造船材料中機関、船釘、擬装用金物入手計画通リ進捗セズ折角努力中……原動機関係内地滞貨中ニシテ発電設備整備セズ為ニ製材機積送済ナルモ運転不能、専ラ人力ニヨリ稼働シオレリ」(メナド造船)といった状況で、事実上生産はおこなわれず、また仮に生産がおこなわれた場合でもその生産量はわずかだった。しかし、それでもメナド造船所の場合日本人技術者一〇〇人、同事務員一一人、現地労働者四〇〇〇人を数えており、いかに「人力」にたよって生産を推し進めたかがわかる。[★16] 特に不足していたのは熟練労働者であった。工場運営が本格的になると共に「技能的熟練的労務ヲ必要トスルニ至レルモ之ガ補充ハ殆ンド不可能」で、「労務者ノ賃金ハ労務不足ニ照応シ漸次高騰ノ傾向ニアリ」「又食糧不足医療対策ノ不徹底労働加重等種々ナル原因ニ依リ労務者ノ減耗甚シク一カ年の消耗率二〇%ニ及ブ地区アル実情[★17]」だとしていた。

彼らの賃金は当初は軍票で支払われていたが、やがてインフレで軍票の価値が低落すると米穀などが給与されたが、それでもインフレの影響は深刻だった。

3　鉱山経営

では、鉱山ではどうであったか。まず、東南アジアの主要鉱山三つを例にとってその実態をみてみよう。

まず、フィリピンのマンカヤン鉱山についてだが、この鉱山は、銅鉱石の産出でその名が知られ、フィリピン占領の重要課題の一つはこの鉱山の確保にあった。したがって、その復旧作業は最優先された。撤退時にアメリカ軍はダイナマイトで坑道を破壊し、焼却したが、日本軍は一九四二年三月に三井鉱山のスタッフを使って復旧作業を開始し、同年一〇月にはほぼその事業を完了、一九四三年一月には落成式をあげている。不用になった金山から設備を移転させ軍から優先的にトラックやガソリンの配給を受けての復旧作業だった。一九四四年マンカヤン鉱山にいた作業員は日本人一八〇人、フィリピン人三五〇〇人、家族を含めると一万人以上にのぼった。技術者は日本人及び開戦前から同鉱山に勤めていたフィリピン人で、作業員はイングリット族、イフガオ族など北部ルソンにいた現地住民たちだった。従業員の給与は軍票だったが、それは鉱山直営の売店が機能している一九四四年末までは価値維持機能が働いていて従業員の間では流通していたという。石原産業が受命経営したカランバヤンガン鉱山の場合も同じように軍票を使用しつつも、その流通範囲は鉱山内の購買組合だけであったという。鉱山の場合、人里離れたへき地が一般的であることを考えれば、こうした購買組合が重要な役割を演じ、これがまた労務者の生活を縛ってきたのである。★18

では、ビルマのボードウィン鉱山の場合はどうだったか。フィリピンと異なり首都ラングーンから一〇〇〇キロ離れたビルマの山奥に位置するボードウィン鉱山は、世界有数の鉛・亜鉛鉱山として知られていたが、英軍撤退時にこれまた徹底的に破壊された結果、復旧は困難をきわめた。また、受命経営者が決まらぬままに時間がすぎ、結局一九四二年七月陸軍直営のもと三井が中心となり、日本鉱業が同精錬部門を担当することで決着した。一九四三年四月に発電所が復旧、製作所が運転開始、一九四三年四月から一九四四年一一月まで採掘と選鉱が実施された。この間も英軍の空襲は絶えず、操業はしばしば中断し、結局鉱石は搬出をみないまま一九四四年一一月に放置されている。一九四四年時点での日本人従業員は一九〇人、大半が三井鉱山や日本鉱業などから派遣された人員で熟練した管理者たちだった。一九四四年七月末の準職員は四二名、（大半が開戦前より働いていたインド人と想定される）、工員は四一〇九人（内、六二・九％はインド人）であった。ビルマ人は坑内労働に向かなかったため、開戦前労務者はインド人や雲南地方出身の中国人鉱夫が中心であった。

　開戦後中国人は帰郷し戻ることはなかったが、インド人は中途で引き返してきた者もいたため、彼らを中心に鉱夫募集を実施したという。しかし、全体的にいえば、「労務者獲得難ト相俟ッテ資材ノ入手難ニ事業ノ将来ニ対スル大ナル障壁ヲ齎《もたら》スモノナリ」というかたちで、労務者と資材が取得困難なまま、時とともに操業困難に陥っていったのである。[★19]

　では、ビンタン島ボーキサイトの場合はどうだったか。アルミニュームの原料であるボーキサイトの産地としてインドネシアのビンタン島は開戦前から重要な位置を占めていた。占領当時重要部品が撤去されて使用不可能となっていたが破壊状態はさほど激しくなかった。そこで、開発担当会社に指名された古河鉱業は、戦前から働いていたオランダ人技術者や熟練工、工夫頭などを確保しスマトラ、マラヤから接収したトラック、シャベルなどを搬入し復旧を完成し操業を開始したのである。[★20]その他、日本占領下で、石炭、ニッケルなどの鉱山開発が積極的におこなわれた。特に石炭は、汽船用燃料、鉄道汽車の燃料その他産業燃料として多様に使用された。その最大消費地はジャワであったが、ジャワには有良な炭鉱はなくそのためスマトラやボルネオ産の石炭を移入していたのである。ところが、ボルネオの炭鉱は海軍地区に、スマトラはジャワのそれと分離されて第二五軍の管轄下にはいっていたため、ジャワでは石炭は極度に不足していた。そこでジャワ西南部のバヤ炭鉱の開発が急がれたのである。

こうした鉱山経営を実施する場合、最大の問題はここでも熟練労働者や技術者の確保であった。一般に日本企業は、占領前に雇用していた熟練労働者をそのまま継続して雇用した。そして新規の募集が必要な場合には新聞、ラジオを通じて法定賃金での雇用を試みたのである。どこの地域でもほぼ同様であるが、熟練労働者の募集は主に新聞やラジオを通じて、不熟練労働者は行政機構を活用して必要な人員を確保した。熟練労働者の募集方法について言えば戦前も今日の東南アジアの日系企業の場合も大差はない。しかし、当時のラジオや新聞の普及率を考えると熟練労働者の確保は容易な事ではなかった。

4　農園経営

東南アジアで展開された欧米企業の経営する各種プランテーションの経営を引き継いだ日系企業も

数多い。農園の経営は、多くの場合トップがヨーロッパ人から日本人派遣社員に交替し、事業そのものが輸出から占領地の軍納にかわったものの、それ以外の点では大きな変化はなかった。

たとえば、ジャワ島の台湾銀行、三菱商事、高島屋、森永食糧工業がそれぞれ経営していた農園の事例でその経営実態をみてみよう。これらの農園では、戦前来それぞれ椰子、サイザル麻、牛皮の生産や牧畜を営んでいた。日本軍占領後、オランダ人は収容所に送られたが、労働機構と事務機構は基本的に変わりなかった。労働機構のかなめの位置にいたのは戦前から雇用していたマンドール（人夫頭）数人で、かれらが千人規模の労務者を統括し監督していた。事務機構を統括していたのは中国人やユーラシアン（ヨーロッパ人とインドネシア人の混血）であり、彼らがマンドールをも統括していたのである。こうした労務機構と事務機構のうえに日本から派遣された数人の日本人社員がいて全体を指揮監督していた。[21]

占領直後は、オランダ統治期と比較して賃金水準にさほどの変化はなかったという。ところが、戦局の悪化とともに次第に物資不足とインフレが押し寄せ、農場経営は次第に困難になっていった。

しかし、農場経営の場合、この時期の最大の課題は、資源確保を実現するための開拓による農産物の増産と大規模な作付け転換であった。例えば、ジャワ島では衣料自給を目標にそれまでの茶、コーヒー、甘蔗のプランテーション農業は縮小され、綿花、黄麻への作付け転換が強行された。フィリピンでは、新規開拓とともに甘蔗農園をつぶした綿花栽培が推し進められた。スマトラでもそれまでのゴム、たばこにかわる綿花の栽培が実施された。こうした作付け転換が最も大規模に推し進められた地域のひとつがフィリピンであった。

フィリピンでの綿作転換を担当したのは大日本紡績、東洋拓殖、鐘淵紡績、呉羽紡績、倉敷紡績、大和紡績、東洋棉花、東洋紡績、台湾拓殖の九社であった。一九四二年八月にフィリピン軍政監部が担当地域を設定し、ルソン島とネグロス島に合計一万二〇〇〇町歩の土地を確保して活動を開始した。その実施状況について、一九四二年秋から四三年春にかけて陸軍省報道部の無給嘱託としてフィリピンに渡った萱原宏一はその著書『戦中比島嘱託日誌』のなかで、企業によって地主との契約の方法や農園経営の方法にちがいがあることを指摘した後で、ネグロス島では「敵意に満ちた冷たい眼」のなかで遅々として進行しない棉花作付けの実態にふれ、ルソン島のラグナでは「肥料灌漑等の設備資材の不足」をうったえる農業技術者たちの悩みを紹介し、同じルソン等のパタンガスでは、農業資金は低利にすべきだという意見を紹介していた。そして、こうした作付け転換が住民の不満と日本軍政への批判を生んだものの、実際の生産効果は少ないことを示唆していた。★22

5　土木建築業者

地域的割り振りを受けた日本の建設業者は、開戦と前後して社員十数名が輸送船に乗り込み、目的地に向かって出発した。現地についた後の彼らの作業はある場合には軍の委託事業であり、ある場合には民間企業の請負であったりしたが、多くの場合、下請けを使用して自らは作業を監督する場合が多かった。従って、労務管理といった問題は、彼らが直接担当するよりは、下請けの企業がその大半を担当した。それでも戦局の悪化とともに直接雇用するケースがふえてきたという。いずれにせよ、まず土木建築業者の東南アジアでの活動を見てみよう。

土木関連の各社の社史を見ても大倉土木の社史は「終戦後、施設のすべては連合軍に接収され記録書類も一切焼捨てられたから、これら南方工事の詳細はかならずしも明らかでない[23]」といい、また清水組の社史も「昭和一二年（一九三七）から二〇年八月の終戦までの間、当社の工事や業績についての完全な記録は存在しない。その理由は、内地・外地とも機密を絶対視する軍関係の仕事が圧倒的に増加したこと、また民間工事でも軍需のための施設は、防諜上名称の発表を許されなかったことなどによる[24]」と述べていることからもわかるように記録が喪失していることにある。ここでは、資料的限界を承知の上で、主に社史によりながらその実態にせまってみることにしたい。

戦争中のことと関連して、まず飛行場の建設が最重要建設課題だった。フィリピンに派遣された飛島組は一九四二年にはマニラ近郊のカロカン飛行場の建設工事を請け負い、一九四三年には同じくルソン島東南端のアルバイ州のレガスピー飛行場の拡張工事を担当し、一九四三年から四四年にかけてルソン島東南端ソルソゴン州プーラン飛行場の建設工事とマニラ北方のサンフェルナンド飛行場の滑走路工事を担当している。一九四四年に入ると米軍による反撃と空襲が激しくなり、これにつれて「軍保有の資材も底をつき、現地人は非協力的な態度を露わにし、現地募集のフィリピン人労務者は逃散し、請負形式を交えた工事施工は次第に不可能となり、軍は徴用により随伴した朝鮮もしくは台湾人土工を使役して実質的な直営施工の方法を採らざるを得なくなった[25]」という。こうした状況下でマリキナ宿舎設営、サンフェルナンド宿舎の設営、カロカン飛行場誘導路と掩体壕の設営、クラーク飛行場設備工事が行われ、一九四四年末から四五年初頭にかけてケソン市戦闘指揮壕の建設がおこなわれた。

飛島組とともにフィリピンに派遣された佐藤工業は、一九四三年には南サンフェルナンドとスレペン間の鉄道工事、クラークフィールド飛行場滑走路工事、同通信隊施設工事、ナショナルロードのカバナツァン橋復旧工事を担当、翌年四四年にはナショナルロードのバリワァッグ橋復旧工事、サンホセ貨物廠建設工事、タルラック州バンバン貨物廠地下設置工事、ミンダナオダバオ橋復旧工事など多方面におよんでいた。[★26]

ジャワに派遣された大林組は、ワナラジャ硫黄鉱山の精製工場の建設、スラバヤやバタヴィアの各飛行場と兵舎、バンドン近郊の高射砲陣地や兵舎の建設に従事した。[★27] 同じくジャワに派遣された藤田組はマランに飛行場の格納庫をシンゴサリに大規模なエンジン修理工場をつくるなどした。[★28]

シンガポールとマラヤ、スマトラへ進出した鹿島組は、シンガポールでは、各種兵舎、テンガー飛行場弾薬庫新設、ゲラン・チャンギー間鉄道敷設、センバワン飛行場の整備、カンポンバダ、セレター軍港の整備をおこなった。マレー半島では、クアラルンプールとイポーの航空隊兵舎改修、バトパハ飛行場宿営施設新設、カラナン飛行場格納庫解体運搬、クアラカンサルの神戸製鋼工場建設、クアンタンおよびポートスエテンハム航空隊兵舎新設、クアラルンプールの通信隊対空壕や航空施設の新設および改修、ポートスエテンハムの通信隊対空壕の築造、ポートディクソンの燃料補給廠兵舎の新設、ジョホール州ラビスの飛行場付属施設の新設などを担当した。[★29]

ニューギニアに進出した岩倉組は、一九四三年二月のマノクワリ上陸以降ナビレの飛行場建設とタマロメの軍事道路建設を担当した。[★30] しかしジャワに進出した藤田組の社史が回顧しているように「格納庫をつくる、工場を建築するといっても、資材の入手がまったくできず、機械設備もないところから、滑走路に敷く玉石は女人夫を動員して割らせ、コンクリートの代りに砂に煉瓦粉をまぜたもので代用した。現地にはセメントはなく、セメンメラを代用したが、橋脚などにはセメントよりもむしろ強度があるほどであった」[31]という。フィリピンに進出した飛島組も「建設派遣隊には当時としては相当の土木工事用の機械器具を携行させ、またマニラ現地において入手可能の装備を購入させたのではあったが、飛行場建設に必要なブルトーザー、ローラー、トラック等の重機械装備が充分でなく、また軍よりの借用も意の如くならず、時には椰子林は『神楽桟』で牽き倒して伐り拓き、人海戦術による畚《もっこ》運びなど原始的な土木工事を強行した」[32]という。

では雇用関係はどのようになっていたのか。雇用事情が比較的わかるのはマニラ郊外のカロカン飛行場の整備建設の着手した飛島組の事例であった。工事に際しての「資材の調達、労務者の現地人募集は軍を通じて斡旋を受け、また工事用重機械は軍用品の貸与を受け、工事の施工様式は現地の案内に馴れるにしたがい、軍直営の方式の下に請負施工という、直営と請負を混淆した方式によったものとなった」[33]。そして「占領政策が順調に進行中は飛島組マニラ出張所として次第に業者の営業形態に脱皮し、フィリピン島人の技術者、現地帰化同然の邦人を雇用するなど商業ベースの営業体となった」[34]という。もっとも、それは戦局が日本に有利な時だけで、やがて日本が不利になると前述したように軍保有の資材も底をつき、現地人は非協力的な態度を露わにし、現地募集のフィリピン人労務者は逃散し、請負形式を交えた工事施工は次第に不可能になり、軍は徴用により随伴した朝鮮若しくは台湾人土工を使役して実質的な直営施工の方法を採らざるを得なくなったという。

第三節　鉄道部隊の結成と活動

南方占領地での事業に関与したのは、単に民間企業だけではない。労務動員という点では、軍の作戦行動の一環としての鉄道部隊の役割は無視できなかった。鉄道建設には単に日本軍の技術者だけでなく、捕虜や現地住民が多数動員されており、労務動員の重要な一環を構成していた。現地住民の動員についてては後述するとして、ここでは鉄道建設状況を一瞥しておきたい。

ところで、鉄道部隊はどのような部隊構成をとっていたのだろうか。開戦前の鉄道部隊は以下のような構成になっていた（図4-1参照）。

南方軍に配分されたのは鉄道第五連隊と第六連隊と第九連隊の三個連隊、そして第四特設鉄道隊と第五特設鉄道隊の二個の特設鉄道部隊であった。「特設鉄道隊」は鉄道省職員を主幹とする軍属部隊で、司令官以下各部隊長、副官、作戦、主計、軍医等の将校と庶務、人事功績、給与、兵器、暗号、経理、衛生、自動車掛等本部付下士官兵計二九名だけが軍人であった。他は悉く軍属より成り小型の鉄道連隊であったから、この特設鉄道隊は、いわば補助部隊で、主力は第二鉄道監部所属の第五、第九連隊であった。[★35]「大東亜共栄圏」という広範な地域を占領するのにわずかに三つの鉄道連隊と二つの特設鉄道隊を基幹に編成されたということは、その根底に「大東亜戦争は船舶に対する比重が大で、鉄道は第二義的に取扱はれていた」[★36]こととと無関係ではなかった。

開戦直後に仏印に結集した鉄道部隊は、鉄道第五連隊がタイとの鉄道連結作業をおこない、第九連

図 4-1　軍鉄道隊編成図

- 東部軍
  - 鉄道第 1 連隊補充隊　千葉
  - 鉄道第 2 連隊補充隊　津田沼
- 関東軍
  - 第 1 鉄道監部　高崎少将
    - 鉄道第 2 連隊　ハルピン
    - 第 2 鉄道材料廠　ハルピン
  - 第 3 鉄道監部　佐藤少将
    - 鉄道第 3 連隊　ハルピン（1 ケ大隊満州里）
    - 鉄道第 4 連隊　牡丹江
    - 第 3 鉄道材料廠　牡丹江
- 支那派遣軍 ——第 11 軍 ——鉄道第 1 連隊
- 南方軍
  - 第 14 軍鉄道第 6 連隊（2 大隊欠）武漢 1 大隊はジャバへ
  - 第 2 鉄道監部　服部少将
    - 鉄道第 5 連隊（1 ケ大隊は広東に）
    - 鉄道第 9 連隊
    - 第 1 鉄道材料廠
  - 第 4 特設鉄道隊
  - 第 5 特設鉄道隊

出所：吉原矩『燦たり鉄道兵の記録』全鉄会本部、1965 年、196 ページ。

隊はマラヤ上陸部隊と行動を共にしてマラヤでの鉄道輸送路確保に努め、第二五軍のマラヤ半島南下とともに鉄道部隊総力はこの作戦に従事した。シンガポール占領後、第五連隊と第五特設鉄道隊は、ビルマに転じ、ビルマ占領作戦に従事し、その後泰緬鉄道をビルマ側から建設するために活動した。他方、第九連隊と第四特設鉄道連隊は、マラヤでの復旧作業に従事した後タイに転じ、タイ側より泰緬鉄道の建設に従事した。第四特設鉄道部隊の後をついで一九四二年九月発足したマラヤ鉄道総局は、マラヤ鉄道の管理をおこなうと同時に泰緬鉄道に資材を提供するため一九四三年四月以降マラヤ東部線の撤去に従事した。第四特設鉄道連隊とそれをついだマラヤ鉄道総局は、マラヤ軍管区に編入されたスマト

図 4-2　東南アジアの鉄道線路図（1945 年現在）

出所：土木学会編『日本土木史――昭和 16 年～昭和 40 年』1973 年、799、811 ページ。

ラ島の鉄道管理をおこなうために要員を派遣し、その業務に従事した。

第九連隊が進出したフィリピンとジャワでは現地従業員を動員した鉄道復旧作業がおこなわれた。フィリピンでは一九四二年二月以降ルソン北部幹線とパタンガス線の修理がおこなわれ、一九四二年一〇月には鉄道を運営するために陸運管理局が組織された。このもとでマニラ・レガスピー間のルソン南部線工事とマンカヤン鉱山から鉱石を運搬するための新線建設が着工された。ジャワでは第九

表 4-1　戦時南方主要鉄道工事略年表

年代	事項
1941 年	タイ・仏印南部連絡鉄道スバイダヌンチオ―モンゴルボレー間66.0km 開通（12 月）
1943 年	海南島田独鉄山運鉱線田独―楡林間 11km 軽便鉄道改築工事竣工（3 月）泰緬鉄道ノンプラドック―タンビザヤ間約 400 km 開通（10 月）
1944 年	鉄道省特設鉄道隊、仏印―タイ中部連絡鉄道測量完了するも着工に到らず（1 月）　ジャワ―バーヤ炭鉱鉄道約 100km 開通（3 月）タイ、クラ地峡横断鉄道チェンポン―クラ地峡西岸間約 80 km 開通（5 月）　海南島石録鉄山線楡林―北黎間 206.0km 開通（9 月）
1945 年	ボルネオ、マングナン―ナガラ港間 41.0 km 軽便鉄道開通（2 月）スマトラ横断鉄道パカンパル―パダン間約 250km 開通（8 月）

出所：同前。

連隊の手で破壊橋梁の応急修理が実施され、一九四二年五月にジャワ軍政監部に陸輸総局が組織されると、その下で復旧作業とバヤ線の新線建設が実施された。いずれにしても、アジア太平洋戦争下の鉄道建設の最大の特徴は、作戦目的に従った鉄道建設がおこなわれたことであった。タイ・仏印南部連絡鉄道は四一年一二月に開通をみたが、これは開戦一五日間で開通をみたもので、初期のタイ侵攻を可能にする目的でおこなわれた。一九四二年五月頃から計画され、四三年一〇月までに完成した泰緬鉄道は日本軍のビルマ作戦をスムーズにする目的で計画され、実施に移された。日本の鉄道部隊と東南アジア各地から動員された現地人労働者、そして捕虜を使役して難工事を多大な犠牲をはらって僅か一年足らずで完成した。この泰緬鉄道とほぼ同じ目的で建設されたのがクラ地峡横断鉄道であった。ビルマへの物資供給のために輸送を短縮するためにクラ地峡に鉄道を敷設するもので、一九四三年八月に計画され、四四年五月に完成した。

鉄道建設の第二の特徴は、既存の敷設線で、戦争の被害をうけて使用不能になったものを復旧する作業であった。フィリピンでは、佐藤工業が鉄道建設を担当、マニラ・レガスピー間が開通したのは一九四三年三月のことだった。ビルマでは、空襲下で開戦前にあった鉄道の復旧作業が鉄道部隊の手でおこなわれた。マラヤでは、東部線は撤去されたため、西部線のみが復旧され運行された。ジャワでは、陸輸総局が中心となって復旧作業がおこなわれるとともに、軌道が三種類あったものを統一して輸送作業の統一化がおこなわれた。こうした鉄道作業には、大林組、鹿島組、西松組、飛島組などが工事を担当した。

産業開発のための鉄道は僅かしか開発されなかったが、それでも幾つかの事例をみることができた。スマトラ島の開発のために同島中部を横断する鉄道の敷設が計画されたのはその一例で一九四三年一月に測量に着手し、四四年に本格的に着工し、四五年二月に全線開通をみた。ジャワ島では、それまで石炭はスマトラ、ボルネオ両島から供給されていたが、これらがそれぞれ陸海軍地域に分割され、交易が困難になった結果、ジャワで石炭を自給する必要が生じ、そのために急遽、ジャワ島南西部のバヤ炭鉱の開発がおこなわれ、それに必要なバヤ線の建設が行われた。ジャワ島西部のサケチから分離してバヤまで敷設された鉄道の全長は約一〇〇キロで、一九四二年に測量に着手し、四三年五月から四四年三月にかけて建設事業がおこなわれ、完成された。同じ目的で開発されたものにセレベスのニッケル開発と関連した石炭線の建設があった。南セレベスのコカラにあるニッケル鉱の精錬には石炭が必要であった、そのために南セレベスの炭鉱地点のドンドンクーラから港のマカッサルまでの鉄道敷設が計画された。この鉄道は中途で中止された[★37]（図4-2、表4-1参照）。

第四節　海軍設営隊の結成と活動

第二次大戦中に日本海軍は、新たに海軍設営隊を作り海軍の作戦と連携して土木作業をする部隊を結成した。海軍設営隊の前身は一九三七年八月に海軍建築部の後藤定雄技師が上海に上陸した際、一三〇〇人の隊員をもって陣地構築をしたことにあったが、[38]太平洋戦争を前にしてその数を増し、戦争に突入すると、それが大々的に組織された。この間一九四一年八月には、一九二三年から継続していた海軍省建設局が廃止され、新たに海軍施設本部が設立され、その下で設営隊の建設も急速に進行した。こうして、一九四一年六月に編成された第一設営班から一九四五年六月設営の高雄設営隊の結成まで、「二二三二ものの部隊が結成された」[39]という。彼らは、海軍占領地で主に飛行場や防御陣地の構築にあたった。

以下、その編成を一覧表にすれば以下のとおりである（表4-2参照）。

一九四一年末から四二年二月までに編成された第一設営班から第一〇設営班までは主にフィリピンでの基地設営をてがかりにジャワからラバウルへと進出した。四二年四月以降編成された第六設営隊から第四〇設営隊まではガタルカナル島やニューギニア島、アッツ島といった激戦地に投入された。そして一九四二年一一月以降編成された第一〇一設営隊以降の百番台の設営隊は、ラバウルやタラワ島に二百番台の設営隊はビワク島、硫黄島、マニラ、サイパン、ペリリュウ、グアム、ロタといった玉砕、全滅した島々に配置された。そして一九四五年初頭から結成された三百番台の設営班になると

表 4-2　海軍設営隊編成表

班名	進出先	編成時期	編成地	任務地	解隊
第 1 設営班	レガスピー（比）	1941・10・5	佐世保	レガスピー ケンダリー バリー・チモール	1942・3・10
第 2 設営班	パラオ（南洋群島）	1941・11・20	呉	ダヴァオ バリックパパン サンガサンガ パンジェルマシン	1942・3・10
第 3 設営班	アンボン	1941・11・20	横須賀	ホロ島 アンボン島	1942・3・10
第 4 設営班	仏印	1941・11・20	横須賀	ミリ クチン レド ムントク	1942・2・25
第 5 設営班	タラカン・バリー島	1941・11・20	呉	タラカン バリー セレベス島（ハルマヘラ）	1942・3・10
第 6 設営班	メナド・マカッサル	1941・11・20	佐世保	タヴァオ メナド マカッサル スラバヤ ジョクジャカルタ クリスマス島	1942・4・27 第 6 設営隊に改編
第 7 設営班	ラバウル	1941・11・20	東京	ラバウル モレスビー ツラギ	1942・5・1
第 8 設営班	コタバル	1941・11・20	コタバル	コタバル スンゲバタニー	1942・1・25 第 101 建設部に改編
第 9 設営班	チモール島	1942・1・10	東京	チモール島 クーパン	1942・5・1
第 10 設営班	ラバウル	1942・2・10	東京	ラバウル	
臨時設営班	バリックパパン他	1942・3・20	横浜	バリックパパン ハルマヘラ マニラ	1944・3・28

第6設営隊～第40設営隊	ラバウルなど	1942・4・27～1943・4・1	佐世保など	ラバウル ブイン アンボンなど	
第101設営隊～第131設営隊	ラバウルなど	1942・11・1～1942・11・10	横須賀など	ラバウル ブイン ソロモンなど	
第201設営隊～第241設営隊	アンボンなど	1943・8・15～1943・10・1	横浜など	アンボン トラック島 カーコニバルなど	
第300設営隊～第362設営隊	比島レガスカピー	1945・1・5～1945・2・15	呉など	クラーク 母島 コレヒドールなど	
第501設営隊～第589設営隊	鹿児島県	1945・5・15～1945・7・1		鹿児島 北海道 和歌山など	
第3010設営隊～第3311設営隊	東京都など	1944・8・15～1945・7・1	横須賀など	東京都 千葉県 山口県など	
第5010設営隊～第5811設営隊	長崎県など	1945・5・1～1945・7・1		福島県 茨城県 福岡県など	
横須賀設営隊	横須賀	1945・6・15		横須賀鎮守府	
呉設営隊	呉地方	1945・6・15		呉鎮守府	1945・9・30
佐世保設営隊	佐世保地区	1945・6・15		佐世保鎮守府	1945・9・30
舞鶴設営隊	舞鶴地区	1945・6・15		舞鶴鎮守府	1945・9・30
大阪設営隊	大阪地区	1945・6・15		大阪警備隊	1945・9・30
大湊設営隊	大湊地区	1945・6・1		大湊警備隊	1945・9・30
鎮海設営隊	鎮海地区	1945・7・1		鎮海警備隊	1945・9・30
高雄設営隊	高雄地区			高雄警備隊	1945・8・22

出所：海軍施設系技術官の記録刊行委員会『海軍施設系技術官の記録』1972年、693―741ページ。

日本国内、フィリピン、伊豆七島に集中し、そして一九四五年五月以降に結成された五百番台になると日本国内に限定されていた。戦局の推移をそのまま反映した設営班および設営隊の配置になっていたといえよう。

設営班および設営隊の編成も戦局を反映し、当初は整備されたものであったのが敗戦色濃厚になるにしたがい次第に不十分なものにかわっていった。「緒戦期の設営隊奮戦記」によれば「各設営隊の編成は、班長は土木又は建設の海軍技師、班長が建築（土木）の場合は副班長は土木（建築）と言う組合わせで、その下に土木建築の老練な技手が三〜四名、事務官一〜二名、技工士が五〜六名、筆生数名が加えられた。隊員は全部徴用工員で土工を主力に鳶工、大工、石工、鉄筋工、機械工、電気工、水道工、運転工等々建設関係のあらゆる職種を含［★40］」み、「通常は総員二千人から三千人の大部隊［★41］」で、潜水夫や気象班まで揃えていた。［★42］また資材も土木資材を中心に「全部で一万点以上［★43］」になり、マラヤ語字典、同会話、上陸地点での日本軍のスパイ名簿、各種軍票までもとりそろえられた。［★44］

ところが、一九四四年頃に編成された設営隊となると戦局の悪化を反映して人員も装備も緒戦の頃とは比較にならぬほど劣悪化した。当時の記録はつぎのように伝えていた。装備の不足については、ブルトーザーやトラックなどの各種車両の「調達が何時もネックとなり、進発の日は近付くのに割当機械がまだ出発地点迄届いていない［★45］」ことがしばしばで、かりに届いている場合でも、輸送力不足のためにそれが運べない場合が多かった。例えば、「(昭和）十九年の半ばになると輸送船が極度に逼迫して来た。陸続進発する設営隊に対し船腹が定まると、各隊長は重機類の積込計画には随分頭を悩ましたらしく、トラック等は割当数量が全部積込めないままに何台かのトラックの車輪だけ外して持っていった例がかなり有って、車輪を外されたトラックが各鎮守府の補給基地にゴロゴロ残されたという情報が入[46]」ったという。いずれにせよ、戦局の悪化とともに不完全な装備のままに戦地に派遣される設営隊が増加していった。

第五節　労務動員政策の諸相

1　軍属

太平洋戦争期に建設会社の社員として東南アジアに派遣された日本人の数は千数百人を数える。ただし、その数は正確なところはわからない。まず、建設会社から東南アジアに派遣された人員数は、各社の社史に基づいて計算する以外にはないが、それにしても概数の域をでるものではない。ただし、各社ともに数次にわたり派遣しているが、その数は一回一〇人前後であるから、最大でも一〇〇人をこえることはないであろう。したがって、各社総計しても千数百人といったところであろう。しかし、この数には当然のことながら下請けの企業から派遣された人員数は加算されていない。もしこうした人員をくわえればその数十倍に達したことであろう。

次に上記の社員を拡大して軍属として東南アジアに派遣された日本人はどの程度になろうか。実は、これまたその数は概数の域をでない。たとえば、海軍設営隊として派遣された人数は、初期で一隊三〇〇〇人と仮定して一〇隊で三万人であるから、初期だけでもそれだけの人員が東南アジアに派遣されたことになる。また鉄道部隊として東南アジアの占領地での鉄道建設に当たった第四、第五特設鉄道部隊は、いずれも鉄道省出身の軍属をもって構成されていたが、その総数は作業隊をふくんで一万人弱であった。

もっとも、これ以外に戦争も末期になると軍政に関連していたものも、臨時でさまざまな建設作業に動員された。たとえば、ジャワ島で郵便行政にたずさわっていた南条不二雄の場合[★47]、敗戦まぎわにチレボンでの防衛陣地構築に動員されて、建設事業にたずさわっているし、重岡照雄[★48]の場合も、一九四四年から四五年にかけて、クデイリでの食糧増産活動と防衛陣地構築に従事していた。したがって、日本人の軍属の場合、必ずしも建設事業にたずさわっていたのは建設関連の者だけではなかった。

さらに、これには、朝鮮や台湾から土木会社の下請けや海軍設営隊員として東南アジアに強制派遣された労務者や軍属の数が加算されなければならない。朝鮮[★49]、台湾での東南アジアへの派遣労働者数は推定の域をでないが、朝鮮人の動員計画数が二万三〇〇〇人、そして台湾からの東南アジアへの派遣者数は九万二七四八人[★50]を数えている。したがって、少く見積もっても両者で一〇万人以上の朝鮮人、台湾人が東南アジアに派遣されたのである。

2　捕虜

捕虜の場合、ジュネーブ協定により、将校に労働を強いることはできないが、下士官以下の兵にたいしては、これを労役に使うことができた。そこで、大戦中連合軍の捕虜は建設事業に使われたのである。典型的な事例は、泰緬鉄道への連合軍捕虜の使役であった。この工事は一九四三年一一月に開始され、四三年一〇月に完成したタイとビルマ国境連結鉄道であったが、この工事に連合軍の捕虜が投入された。マラヤやスマトラ、ジャワなどから泰緬鉄道の建設工事に動員された捕虜の数はビルマ側に送り込まれた者は一万八〇〇〇人、タイ側に送り込まれた者の数は五万三〇五人で合計六万余人、イギリス、オーストラリア、オランダ人の捕虜がこの作業に従事した。[★51] しかし、難工事にもかかわらず工事を強行した結果、衛生状況の不備がかさなってコレラなどの疫病が発生したこともあって多数の犠牲をだしたが、捕虜のなかで、死亡したもの一万二三九九人を数えたのである。[★52] 二〇％の死亡率ということになり、ほぼ五人にひとりが死亡したことになる。

このほか一九四三年六月以降マレー半島中間に位置するクラ地峡に鉄道を敷設する工事が開始され、この工事にはインド国民軍兵士六〇〇人が投入された。彼らは捕虜ではないが、こうした鉄道作業に使役されたのである。[★53]

3　ロームシャ

一九四二年後半から日本軍が守勢にまわり、防衛が重要課題になると、そのための労働力動員が重要になった。東南アジアでの労働者の供給地はジャワであった。ここから東南アジア各地の作戦地域に人員が送り出されていったのである。森文雄『軍政手簿』によれば、一九四四年四月の通牒によればジャワ島からマラヤ、スマトラ、北ボルネオなどの陸軍地域に割り当てられたロームシャ数はおよそ二〇万人に達していた。しかし、その査定数はこれをはるかに下回り、一六万五〇〇〇人を数えていた。このほか海軍地域には六万三〇〇〇人のロームシャの派遣が要請されていた。★54 これ以外にジャワでは兵補や義勇軍への参加も期待されており、前掲『軍政手簿』によれば一九四四年一一月現在でのジャワにおける労務構成は総数二六二万三六九一人でその内訳は兵補一万五二七一人、義勇軍三万六〇六七人、常雇一三五万六二七一人、ロームシャ（臨時）七三万八八四四人、技術者二七万七一五三人、勤労奉仕二〇万八五人となっていた。★55 では、こうした動員はいかにして可能だったのか。周辺地域への動員を考える場合、島内動員であれ、島外動員であれ、その末端での動員を担ったのは区長や隣組長であった。彼らは、必要な人員の確保に努めたのである。動員される者の選択の方法は、半ば強制的なものであった。ここでは兵補として島外動員されたガスピンさんの動員までの経緯を紹介しておこう。ガスピンさんの場合、郷里のバニマスからバンドン、シンガポールをへてマニラで建設作業に従事して一九四五年二月に米軍の捕虜となり、戦後日本を経由してインドネシアへ帰国している。彼が兵補に応募したのは、村役場から兵補に応じないかという要請があり、兵補がダメならロームシャで、という選択のなかで兵補に応じたのだという。この間の給与は預金されて支給はされなかったという。[56]ロームシャの場合も賃金が支給されたが、それは最低賃金で、インフレが進んだ一九四四年以降になると、軍票の価値が目減りし、それを補うために日系企業や軍関連の機関ではお米や衣料などの現物がこれに賦与された。[57]

ジャワのロームシャだけではなく、東南アジア全体のロームシャを動員することになったのが、泰緬鉄道とクラ地峡鉄道への動員だった。泰緬鉄道に動員された東南アジアの人々はタイ側がタイ人ロームシャや華僑ロームシャ合わせて約三万人、ビルマ側が一〇万六〇〇〇人、それにマラヤからのロームシャ七万八二〇四人、ジャワからの兵補やロームシャ七五〇八人が加算された。[58]クラ地峡鉄道には、華僑、マラヤ、タイ人ロームシャ合計二万二〇〇〇人から二万五〇〇〇人が投入された。[59]泰緬鉄道工事による東南アジアの人々の死亡者はマラヤ、ジャワ、タイ、仏印のロームシャ含めて推定三万三〇〇〇人弱といわれ[60]最大の被害をだした。捕虜の場合、指揮官がおり、医者や衛生班が随伴したため、犠牲を減少させる術をもっていたが、東南アジアの人々にはその手段がなく、犠牲を大きくした。[61]この外、ジャワ島内のバヤ鉄道建設工事には一日少ない時でも二万五〇〇〇人、多い時で五万五〇〇〇人が動員され突貫工事が行なわれた。普通なら一〇年かかる工事をわずか一年で完成させたが、その代償として一日四〇〇―五〇〇人の逃亡者を出し、死傷者の数は不明という大きな犠牲を出した。[62]また、セレベスのマカッサルからドンドンクーラ間七七キロの鉄道工事もロームシャ三二〇〇人を投入した突貫工事がおこなわれ資材不足のなかで工事が強行された。[63]東南アジア占領地域で唯一労働力の島外動員をおこなわなかったのはフィリピンであった。その最大の理由は治安問題だった。日本軍は、フィリピン人を警戒し、島外への移動をもとめなかったのである。

おわりに

以上、東南アジアでの日本土木建設事業の展開と労働力動員政策を検討した。東南アジアでの日本の土木建設事業は、当時の戦局に左右されて、軍事施設の建設が中心で、工業建設や資源確保の事業はほとんど展開されなかった。仮に展開された場合でもそれは中途半端なものとして中途で放棄された。労働力動員も軍事目的に絞る形で展開された。したがって、戦後になると労働力動員はその目的を失って、その機構もなくなり、人々ももとの郷里に帰還せざるをえなかった。この点は同じ日本の支配下にあった地域でも朝鮮、台湾とことなる点である。朝鮮、台湾では、同じ時期に工業化政策が展開され、労働力動員が工業化と結び付いて労務動員が展開されたからである。植民地支配という共通の状況にありつつも戦後への展望という点では両地域にはかなりの差が存在した。労働力政策はそれを端的に表現していた。

[注]

(1)「泰緬鉄道」問題については、広池信雄『泰緬鉄道――戦場に残る橋』読売新聞社、一九七一年。清水廖人『遠い汽笛――泰緬鉄道建設の記録』あさを社、一九七八年。中原道子「東南アジアの『ロームシャ』――泰緬鉄道で働いた人々」、『講座　近代日本と植民地　5』岩波書店、一九九三年。吉川利治『泰緬鉄道』同文館、一九九四年、をあげることができる。

(2) 小林英夫『増補版「大東亜共栄圏」の形成と崩壊』御茶の水書房、二〇〇六年参照。

(3) 同上書、一一五ページ。

(4) たとえば、「南方占領地行政実施要領」(大本営政府連絡会議、一九四一年一一月二〇日)、「占領地軍政実施ニ関スル陸海軍中央協定」(同上、一九四一年一一月二六日)、「南方占領地各地域別統治要領」(大本営陸軍部、一九四二年一〇月二二日)、「大東亜政略指導大綱」(御前会議決定、一九四三年五月三一日)、「決戦非常処置要領」(最高戦争指導会議決定、一九四五年一月二五日)、など軍政指導に関する一般指導の中では、労務問題は言及されていない。

また、経済関係では、「南方経済対策要綱」(関係大臣会議決定、一九四一年一二月一二日)でも労務に対しては言及していない。「南方甲地域経済対策要綱」(大東亜省連絡委員会第一部決定、一九四三年五月二九日)ではごく簡単な記述が現れる。

(5) 各現地軍レベルになると労務問題は登場する。南方軍総司令部「昭和十九年度軍政実施ニ関スル指示」(一九四四年一月)では「労務ニ就テ」、「南方軍軍政総監部総務部長口演要旨」(一九四四年三月)ではクラ地峡鉄道、バヤ炭鉱線、中部スマトラ横断鉄道(ムアローバカンバル間)建設への労務動員について、「南方占領地域、現状ト兵力運用ニ就テノ参謀総長上奏案」(一九四三年五月二九日)ではジャワ島の労務動員について、また第一六軍政監部「ジャワの現状」(一九四四年三月)では「労務充足対策」について言及がある(防衛庁防衛研究所戦史部編『史料集南方の軍政』朝雲新聞社、一九七五年)。

(6)『南方軍政関係資料その一』(防衛庁防衛研究所蔵)。

（7）岩武照彦『南方軍政下の経済施策』上、（私家版、一九八一年）、一四七ページ。
（8）原資料は外務省外交史料館蔵。後藤乾一「『労務者問題』の政治社会学」、『日本占領期インドネシア研究』龍渓書舎、一九八九年、七七ページ。
（9）小林前掲書、四七八ページ。
（10）ジャワ軍政監部『治官報』龍渓書舎復刻版、一九八九年、富集団軍政監部『富公報』、馬来軍政監部『馬来公報』（いずれも龍渓書舎復刻版、一九九〇年）、比島軍政監部『軍政関係法令集』参照。
（11）堺誠一郎『キナバルの民――北ボルネオ紀行』中央公論社、一九七七年、七一ページ。
（12）田中宏編『日本軍政とアジアの民族運動』アジア経済研究所、一九八三年、五六ページ。
（13）例えば藤田組の場合、ジャワを大林組、小林組と分けあっていたが、「東部軍のボルネオ軍需班からの命令で、北ボルネオのミリに出張所をつくることになり、満洲藤田組の今川鎮夫、丸亀勉、福島玉吉の三名が派遣された。昭和一七年六月に着任して、すぐ飛行場の滑走路延長、航空軍司令部などを建設し、さらにライアン島の格納庫を建設していたところ、現地軍の間の連絡が不十分だったためか、藤田組はジャワにも出張所をつくっているのに、ボルネオでも仕事をしているのはけしからん、ということで、建設は一切手を出してはいけない、という思いもかけぬ命令をうけた。
その不当さを抗議したのだが、受けつけられず、仕方なく製材工場をつくって一日二〇〇～三〇〇石の木材を生産していた。その後、軍規格の一〇〇トン機帆船の船体をつくれという命令をうけた。土建と造船とはまったくその技術がちがうことを申し入れて、一度は断ったものの、無理に押しつけられ、仕方なしに現地人の船大工を動員して造船所をつくり、その要求に答えた。月産一〇隻を目標に船台を一〇台つくり、三〇隻余りつくったところで米軍の爆撃をうけ、造船所は全焼してしまった。二〇年六月のことであった。ボルネオでは結局本業の土建には手が出せず、製材所、造船所などという畑ちがいの仕事しかできなかったが、当局には感謝された」（株式会社藤田組『藤田組の五〇年』一九六〇年、八八～八九ページ）。

(14) 森文男『軍政手簿』（防衛庁防衛研究所蔵）。

(15) 同上。

(16)『南方ニ於ケル資源開発事業進渉状況調』（外務省外交史料館蔵 E.0.0.0.8-1）。

(17)「南西方面海軍民政府関係」（外務省外交史料館蔵 A.7.0.0.9-18）。

(18) 三井金属株式会社修史委員会編『三井金属修史論叢』別冊第一号マンカヤン特集、および石原産業については、日本のフィリピン占領期に関する史料調査フォーラム編『日本のフィリピン占領』龍渓書舎、一九九四年、三九六ページ。

(19) 三井金属株式会社修史委員会編『三井金属修史論叢』別冊第二号ボードウィン特集。

(20) 上島清造「戦時中のビンタンボーキサイト鉱山開発」（『古河電工社史資料』）。

(21)「インドネシアにおける日系企業の活動」（特定研究『文化摩擦』南方関与インタビュー記録、一九八〇年）。

(22) 萱原宏一『戦中比島嘱託日記』青蛙房、一九九三年。

(23) 大成建設株式会社編『大成建設社史』一九六三年、三七三ページ。

(24) 清水建設株式会社編『清水建設一八〇年』一九八四年、七二ページ。

(25) 飛島建設株式会社編『飛島建設株式会社社史』一九七三年、四八二ページ。

(26) 佐藤工業株式会社『一一〇年のあゆみ』一九七二年、二四八ページ。

(27) 大林組八〇年史編纂委員会『大林組八〇年史』一九七二年、一八二ページ。

(28) 藤田組『藤田組の五〇年』一九六〇年、八六ページ。

(29)鹿島建設社史編纂委員会『鹿島建設一三〇年史』一九七一年、三三二―三三五ページ。
(30)岩倉組『岩倉組土建二五年史』一九八五年、四八ページ。
(31)藤田組前掲書、八六―八七ページ。
(32)飛鳥組前掲書、四八二ページ。
(33)同上、四七八ページ。
(34)同上。
(35)吉原矩『燦たり鉄道兵の記録』全鉄会本部、一九六五年、一九六ベージ。
(36)同上、一九五ページ。
(37)東南アジアの鉄道については、吉原前掲書。飯吉精一編『戦時中の外地土木事業史』日本土木工業協会、一九七八年。日本国有鉄道編『鉄道技術発達史』桜井広済堂、一九五八年。土木工業協会・電力建設業協会編『日本土木建設業史』特報堂、一九七一年。土木学会編『日本土木史　昭和一六年―昭和四〇年』一九七八年、など参照。
(38)山崎三朗『海軍設営戦記』図書出版社、一九八一年、八ページ。
(39)同上、九ページ。
(40)海軍施設系技術官の記録刊行委員会『海軍施設系技術官の記録』一九七二年、二六五―二六六ページ。
(41)同上、二六六―二六七ベージ。
(42)同上、二六七ページ。
(43)同上。
(44)同上。
(45)同上、二七七ページ。

(46) 同上、二七九ページ。
(47) 南条不二雄氏(西宮市甲子園在住、戦時中ジャカルタ中央郵便局勤務)より小林英夫宛書簡(一九九四年七月二二日)。
(48) 重岡照雄氏(大分県宇佐市在住、戦時中台湾製糖ジャワ派遣要員)より小林英夫宛書簡(一九九四年七月二二日)。
(49) 伊東亜人他編『朝鮮を知る事典』平凡社、一九八六年、七二ページ。
(50) 台湾総督府『台湾統治概要』一九四五年、七五ページ。
(51) 広池前掲『泰緬鉄道——戦場に残る橋』、一四九ページ以下。および吉川前掲『泰緬鉄道』、一一四ページ参照。
(52) 広池前掲『泰緬鉄道——戦場に残る橋』、三五八ページ。および吉川前掲『泰緬鉄道』、一八三ページ。
(53) 吉川前掲『泰緬鉄道』、二五三ページ。
(54) 森前掲『軍政手簿』。
(55) 同上。
(56) ジャカルタのインドネシア元兵輔中央連絡フォーラム事務所での聞き取り(一九九三年九月三日)。
(57) 大場定男氏(戦時中三井物産ジャカルタ支店勤務)よりのヒヤリング(東京新宿にて、一九九五年一月三日)。
(58) 森第六九〇〇部隊『緬甸軍政史』一九四三年、六二ページ以下および広池前掲『泰緬鉄道——戦場に残る橋』、一九三—二三五ページ。
(59) 広池前掲『泰緬鉄道——戦場に残る橋』、三五八ページ。および吉川前掲『泰緬鉄道』、二五一ページ。
(60) 吉川前掲『泰緬鉄道』、二三三ページ。

(61) 中原前掲論文。また、コーナーはその著者のなかで、ジャワのロームシャが多数シンガポールで病死したが、そのさまは、さながら「地獄図絵、地獄」だったと記述していた(E・J・H・コーナー『思い出の昭南博物館占領下シンガポールと徳川侯』中央公論社、石井美樹訳、一九八二年、一六三—一六五ページ)。
(62) ジャワ陸輸総局史刊行会編『ジャワ陸輸総局史』一九七六年、二四七—二六〇ページ。
(63) 京成電鉄社史編纂委員会『京成電鉄五五年史』一九六七年、三一六—三一九ページ。

第六章　日本の東南アジア占領地経営——石原産業を中心に

はじめに

本章では石原産業に焦点を当てて南方占領地経営に関与した同企業の活動実態を検討する。南方企業経営に関しては第五章で掲げた文献以外に柴田善雅『南洋日系栽培会社の時代』（日本経済評論社、二〇〇五年）などがあるが、本章で石原産業に焦点を当てるのは、同企業が一九二〇年代から東南アジア進出を試み、スリメダン鉱山の開発をはじめとしてゴム園経営など幅広い事業活動を東南アジアで展開したからに他ならない。したがって、同事業の東南アジア経営は、日系企業のそれの一つの典型をさし示すと考えている。同企業の概要を知るには『創業三十五年を回顧して』が最適であろう。そのほかに創業者である石原広一郎に関連した資料集である赤澤史朗・粟屋憲太郎・立命館百年史編纂室編『石原広一郎関係文書』（上下、柏書房、一九九四年）などがある。本章では、おもに戦時期の石原産業の東南アジア占領地事業の内実を検討することとしたい。

第一節　戦前における石原産業の活動

石原産業の創立者石原広一郎が、マラヤ半島に渡ったのは一九一六年、彼二七歳の時であった。以来先発して当地に渡っていた次弟新三郎、後を追って渡ってきた末弟儀三郎とともにマラヤでの苦闘の歴史がはじまった。★1

京都近郊の農村の中農の息子に生まれた石原三兄弟は、明治から大正にかけてマスメディアが生み出す「南洋ブーム」の影響をうけて裸一貫マラヤに渡り、ゴム栽培事業に着手、失敗した後、さまざまな仕事を転々としたあとついに「宝の山」ともいうべきスリメダン鉱山を発見したのは一九一九年のことだった。そして、台湾銀行の融資を受けて石原産業の前身、南洋鉱業公司を設立し、鉱山を開発し鉄鉱石を八幡製鉄所に供給したのは一九二一年初頭のことであった。

なお、昭和の初めにスリメダンを訪れた詩人の金子光晴は当時の状況を次のように述べていた。「スリメダンの強みは、自然の条件にめぐまれているということで、鉱石は露天掘り、採鉱は、まるで落ちている石をひろって積み出すのと同じ容易さであるうえ、鉱石は現場からただちにトロで下して、荷船は流されるまゝに川を下り沖に出て、沖がかりして待っている会社の船に積み込む。それから八幡に直行するという手順のよさである」★2。スリメダンの経済効率の良さを物語る一節である。

鉄鉱搬出に必要な港の開港をふくめて、スリメダン鉱山のあるジョホール州のサルタンは、石原に好意的だったという。イギリスは、大戦中マラヤを顧みる余裕はなかったし大戦後は不況でゴム価格が下落し、州政府の財政が逼迫しており、したがって、石原のこの企業の成否は、ジョホール州政府の財政に重大な影響を与えていたのである。石原の英領マラヤでの成功の裏にはジョホール、トレンガヌ王国の支援があったことである。とくに第一次世界大戦後の不況下でゴム栽培が極端な落ち込みをみせるなかで、両王国は新しい財源を求めていた。したがって、石原の事業の成功は新たな収入源を意味していた。「両王国の財政を見るにジョホール王国の歳入総額は約四百万弗なるに対し、スリメダン鉱山の納税年額約四十万弗なり。又トレンガヌ王国の歳入総額は約百二十万弗なるに対しマチヤンスタウン鉱山の納税年額は約八万弗にして、本事業が王国財政上如何に重要なる財源をなしつつあるかを知るを得べし[★3]」。この記述にみられるように、石原産業の事業成功の裏にはジョホール王国の支援があった。

石原は、スリメダン鉱山にくわえてケママン鉱山の開発に着手し、両者相まってマラヤから日本の鉄鉱石供給の源泉となった。折しも、日本側も大冶鉱山を中心に中国から供給されていた鉄鉱石が、中国での民族運動の勃興の煽りを受けて供給が不安定になっており、新しい鉄鉱石供給地をさがしていた矢先だった。以降マラヤからの鉄鉱石輸入は急増を開始し、一九二〇年代末には、日本の鉄鉱石輸入の四割前後をマラヤからの供給に仰ぐまでにいたっていた。

第二節　戦中における石原産業の活動

1　全体的特徴

アジア太平洋戦争中の石原系企業の南方占領地での受命経営事業の概要は、以下の通りである（表5-1参照）。石原系企業が受命を受けた事業は、陸軍地域と海軍地域にまたがっている。まず、陸軍地域だが、石原産業の受命事業所数は四九で、フィリピンが一五、マラヤが二五、ジャワが八、スマトラが一となっている。また、石原産業の直系企業としては、石原精工、南洋海運、南洋倉庫が占領地に進出しているが、石原精工はフィリピンに四、南洋海運はジャワに一、南洋倉庫はジャワに三、マラヤに一の受命事業を持っていた。業種別に見れば、工業が七、港湾倉庫が一二、鉱業が三八、海運輸送一となっていた。

では、海軍地域ではどうであったか。石原産業が受命した事業は一、直系の南洋海運が同じく一、南洋倉庫が八、興南海運が三、新南興業が一、日の丸航運が三、大和航運が三で、業種別にみれば海軍地域では海運輸送がその大半を占めていた。このほか南洋倉庫が、仏印とタイにそれぞれ海運と船舶製造所を有していた。

いうまでもなく、石原産業が石原系企業の中心であったが、石原産業は後述するように、主に鉱業部門に進出した。石原精工は、フィリピンのマニラに四か所の事業所をもち「船舶用発動機製造」、「木

表 5-1　石原産業の地域別・事業別南方進出状況（業務件数）

会社名	陸軍地区				海軍地区	乙地区		合計	鉱業	港湾倉庫	工業	海運輸送	合計
	フィリピン	マラヤ	ジャワ	スマトラ		仏印	タイ						
石原産業	15	25	8	1	1	−	−	50	39 (38)	8 (8)	3 (3)	−	50 (49)
石原精工	4	−	−	−	−	−	−	4	−	−	4 (4)	−	4 (4)
南洋海運	−	−	1	−	1	−	−	2	−	−	−	2 (1)	2 (1)
南洋倉庫	−	1	3	−	6	1	1	12	−	4 (4)	1	7	12 (4)
興南海運	−	−	−	−	3	−	−	3				3	3
新南興業	−	−	−	−	1	−	−	1	−	−	1	−	1
日の丸航運	−	−	−	−	3	−	−	3				3	3
大和航運	−	−	−	−	3	−	−	3				3	3
合計	19	26	12	1	18	1	1	78	39 (38)	12 (12)	9 (7)	18 (1)	78 (58)

注：業種別のうち（　）内は陸軍地区の数値。
出所：前掲『創業三十五年を回顧して』。

造船建造」などを担当した。「木造船建造」は、この時期の多くの日本進出企業が担当した業種だった。南洋倉庫も石原の直系企業であるが、おもにジャワを中心にした港湾倉庫・荷役事業に従事した。南洋海運は、石原産業というよりは郵船・商船系で、石原からみれば傍系に属するが、ジャワを中心とした海運業に従事していた。

その他、興南海運は、ボルネオ南岸を中心とした沿岸海運と船舶修理を担当し、新南興業は木材伐採、加工、木造船建造を担当した。日の丸航運は、小スンダ列島を中心とした海運に従事し、大和航運は、バリックパパンを拠点に海運に従事していた。つまり石原産業が鉱業を中心に進出したのに対し、他の系列会社はおもに海運に進出していたことになる。戦前来、石原産業の進出分野は鉱業と海運であったが、アジア太平洋戦争下でもその特徴は継続し、受命事業の大半は、海運と鉱業によって占められていた。

2 石原産業の受命事業

では、石原産業の中心をなす石原産業株式会社の受命事業を地域別・業種別にみてみることとしよう。

まず、マラヤについてみてみよう。一九四二年二月中旬、マラヤが日本軍に完全占領されると、石原産業は、戦前の歴史と実績を前提に、マラヤにおける鉱山開発をまかされることとなった。すでに四一年一二月にはやくも陸軍は、石原産業に対して石原が戦前所有していたバトパハのパセル鉱山の復興を命じ、続いてマラッカのボーキサイト鉱山の開発を命じていた[4]。受命者は、陸軍省マラヤ・スマトラ方面最高指揮官で、受命時期は四二年五月のことであった。

マラッカ鉱山で石原産業が最初に着手したのは、開発が容易なスブラン鉱区であった。石原産業は、戦前から開発してきた自社のスリメダン東山鉱山に残されていたボーキサイト選鉱設備を移送して復旧工事に取りかかった[5]。そして復興計画は四二年末に終わり、日産一万五〇〇〇トンの生能能力を確立した[6]。しかし、鉱区が分散していたため、鉱区の条件は必ずしも良好ではなかったという。それでも、四三年三月の最初の積み出しから四五年の閉山時までの間に一二万四〇〇〇トンの原鉱石を日本に積送した[7]。

戦前来経営していたバトパハのパセル鉱山は「英軍の手で徹底的に破壊され、レール以外はほとんど使いものにならなかったが[8]」、石原産業は受命直後から復旧採掘を開始し、四三年から四四年前半まで合計約四万トンを日本に輸送した。四四年後半以後海上運送が杜絶したため輸送困難に陥り、二万七〇〇〇トンの精鉱ストックを残したまま四四年年末閉山した。

石原産業は、戦前所有していたバトパハのパセル鉱山と新規受命したマラッカ鉱山はいずれも規模が小さく軍の要求を満たせなかったため、四三年五月以降ジョホール州の南岸鉱山の開発に着手した。しかし、ここも戦局が極度に悪化するなかで、食糧が不足し、労務者が逃亡するという情況で、鉱石搬出のための鉄道敷設の基礎工事ができた段階で敗戦を迎えた。したがって、採掘数量は約四万四〇〇〇トンで、積み出しは四四年七月の一回だけで三四八八トンにとどまった[9]。

では錫鉱石はどうか。石原産業は、四三年一月ジョホール州内一円の錫鉱山開発の仮委託を受け、同年三月に正式に受命した。さらに同四月にセランゴール州南部の錫鉱山の開発も命ぜられた。石原が受命した二州の鉱区をまとめれば以下の通りであった。

ジョホール州――コタテンギ、ジユマルワン、テンキルの各地区
セランゴール州――ペターリン、スンガイウェイ、アイルイタム、クチャイ、キリンホール、ホンコン、イポー、オーストラル、タンパ、スメニーの各地区

開発資材は極度に不足していたが、浚渫船を修理して開発事業を実施した。しかし、一九四四年以降、戦局が悪化すると怠業などの反日行動が広がり、そのため一九四五年初頭には操業を中止した。

その他一九四三年四月に軍政部からマラッカのチンチン錫鉱山の錫、ジルコン、モナザイトの採取を命ぜられるなどしたが、さしたる成果を上げることなく敗戦を迎えた。[★10]

つぎにスマトラについてみておこう。石原産業は一九四三年一〇月にスマトラのトト金山の経営を命ぜられた。もっともこの金山の稼働準備は四五年初頭までかかり、燃料の重油不足が深刻化したため同年六月には閉鎖を余儀なくされた。[★11]

では、ジャワではどうであったのか。一九四二年一一月石原産業はソロ銅山の経営を受命した。一九四三年一二月には中部ジャワのマデオン地区のトラアン褐炭鉱と、レンパン地区の褐炭鉱及びタシクマラヤ地区のサワル鉛鉱山についても開発命令が下り、一九四四年三月には、西部ジャワ、チユマス、チャンパンクーロンの硫化鉱山の調査命令を受けた。そして一九四四年一〇月にパラン水銀鉱山に仮委託の命令があった。いずれも戦時の緊急開発で、成果をあげる前に閉鎖に追いこまれている。[★12]

では、ボルネオではどうであったか。一九四二年一二月石原産業に対してボルネオ島東南のセボック島の鉄鉱山と、セボック島に近いラウト島の炭鉱開発とそれを使った製鋼事業への受命指令があったが、その後製鋼事業が中止されたので、ラウト島の採炭だけが実施された。しかし、戦前蘭印政府がその開発を断念したものだけに大きな成果を収めることなく終わった。[★13]

フィリピンではどうか。石原産業の石原新三郎は、一九四二年六月東南アジアの視察旅行から帰国した際、「比島の地下資源は共栄圏内で一番有望だ」[★14]と述べたが、すでにその声明前の二月に石原産業は軍の指令により、カランバヤンガン鉄鉱山の操業を開始していた。フィリピンは占領直後から抗日運動の動きが活発で、そのために石原社員の行方不明事件等もおこったが、復興作業は強行され、同年八月から一九四四年六月まで、約二一万トンの鉄鉱石を日本へ積送した。しかし一九四四年後半になると輸送船の来港がとだえ、採掘も木炭銑製造に限定される範囲まで縮小されたという。[★15]

ネグロス島のシパライ銅山は、一九四二年七月石原産業が受命後、復旧作業が着手され、一九四三年一〇月から作業を開始した。一九四四年四月に建設作業を完了し、銅鉱石一二〇トンの初積出を行った。しかしこの地もフィリピン各事業地の場合と同様、抗日活動が活発だったこともあいまって、作業の続行が困難となり同年九月稼働を中止した。[★16]

パナイ島にはアンチケ銅山、ピラカピス銅山があり、一九四二年七月石原産業は軍からアンチケ銅山の経営を受命し事業を開始したが、抗日運動は激しさを増し戦闘状態となったため、一九四四年一一月をもって操業を打ち切った。[★17]

第三節　戦前と戦中の石原産業の南方進出事業の経営実態

石原産業の進出が鉱業と海運を中心としていたことはこれまで述べた。こうした特徴は、石原の戦前の東南アジアでの活動をみればある意味で当然のことであった。ここでは、石原産業の出発点となったスリメダン鉱山の歴史と海運業への進出、そして戦時中のフィリピンのカランバヤンガン鉱山、石原海運の活動をみてみることとしたい。

1　開戦前鉄鉱山の開発と海運事業への進出

石原産業の創立は、一九一六年石原広一郎がマラヤ半島に渡ったことにはじまる。さまざまな職業を転々としたあと「宝の山」ともいうべきスリメダン鉱山を発見したのが一九一九年であった。[★18]以降同鉱山は、八幡製鉄所への鉄鉱石主要供給鉱山となっていった。しかし、スリメダン鉱山のピークは一九三〇年代までであり、日本がマラヤに武力進駐した一九四二年には最盛期をすぎていた。開戦を前にスリメダン鉱山の残存鉱量は二五〇万トン、採鉱可能量は五〇万トン前後だったので占領後の重点は他の鉱山に移っていった。[★19]

戦前、石原産業がマレー半島以外で事業実績をあげた国はフィリピンであった。石原産業は、フィリピンで一九三七年にマニラ石原産業会社の設立登記をなし、これを母体としてフィリピンの鉱山開発に着手した。当初は、日本企業ということで警戒されたため、フィリピンの法律により合弁企業形態を採ることにし、経営をおこなった。

こうして合法的な合弁会社を設立した上で、ルソン島南部のパラカレ鉱山を開発することになり、石原産業の社員は、フィリピン人労務者一五〇〇人とともに採掘作業に着手した。一九三八年から開戦直前の四一年までの積出実績は三八年五万トン、三九年一一万トン、四〇年二一万トン、四一年六万トンであった。[★20]しかし、一九四一年にはいると日米対立の激化は激しさを増し国際情勢とも睨み合わせてついに四一年六月閉山を決定した。もっとも、「開戦時にはほとんど掘り尽くされていて、戦時中はすでに閉山して[★21]」いたという。

石原産業が進出をもくろんだフィリピンでの今一つの鉱区はノノック鉱区であった。ノノック鉱区はヒナトアン島の北方に横たわるノノック島にあって、調査の結果この鉱区の埋蔵量は一億五〇〇〇万トンと確認された。ここについては、一九四一年になって採掘権の許可が下りた。しかし戦争に突入してしまい、戦前のような実績はあげられなかった。[★22]

スリメダン鉱山や他の東南アジア地域での鉱山開発が進むなかで、石原産業は運輸事業に進出した。直接の契機は、一九二〇年代中期以降の鉱石運送問題だった。自社船で運搬すれば低コストで輸送はできるが、往路はともかく復路は空船となり利益を生まない。その隘路を打開する道は、石原産業が海運業に乗り出すことであった。石原産業は、台湾銀行が経営していた南洋倉庫を引き継ぎ、新鋭船一〇隻を保有して新たに東南アジア航路に乗り出してきたのである。従来の東南アジア航路は、大阪商船、南洋郵船、日本郵船とジャワ・チャイナ・ジャパンラインがおさえていたが、そこに石原産業が参入したのである。当然のことながら激しい運賃競争が展開された。この競争を調整するため、一九三〇年代数度にわたり日蘭海運会商が行われた。しかし会議は不調に終わり、一九三五年七月に大阪商船、南洋郵船、日本郵船、石原産業を合し、資本金八一〇万円で新たに南洋海運が設立された。[★23]しかし、石原産業は、こうした処置に不満で、積極的進出をめざして新たに南洋航路株式会社を設立して動くが、対蘭協調をめざす政府に抑えられ、一時的撤収を余儀なくされるのである。

この間石原は、日本国内にも事業を拡大しながら運輸と鉱山経営にその主力を注ぐこととなる。

2　日本軍占領下フィリピン鉱山開発

では、東南アジア占領地で石原産業は委託軍業をどのように運営していたのか。以下では陸軍地区ではフィリピンでの鉱山開発を対象に、海軍地区では海運事業を中心にその事業展開をみてみることとしよう。まず陸軍地区のフィリピンについてみてみよう。

日本軍がフィリピンを占領すると、石原産業はカランバヤンガン鉱山、シバライ鉱山、アンチケ鉱山、ピラカピス鉱山の経営を受命して活動を開始した。では、こうした鉱山の再開発はどのようにおこなわれたのか。カランバヤンガン鉱山を中心にその活動状況をみてみよう。カランバヤンガン鉱山は、ルソン島の南部カマリネス・ノルテ州にある鉱山で、アメリカ系のフィリピン・アイアン・マインという会社が経営していた。したがって、石原産業は、それをそっくり引き継ぐかたちで経営を受命したのである。★24

占領直後にこの鉱山に乗り込んだ石原産業の堀田正一は、カランバヤンガン鉱山の当時の状況を回顧して次のように述べている。

占領以前から「鉱山労働者も、また、積みこみの荷役人夫もほとんどが家族といっしょに鉱区内のキャンプに住んでいました。また、すべての施設、建物、機械類および資材や食糧品などまで、そのままの状態でした★25」と。そして占領直後のころは「五〇〇〇～六〇〇〇人ですかね、いちばん多いときは、一万人近くあったでしょうが、もちろん家族をも含めて★26」と回顧している。アメリカ人経営者はマニラにいて、鉱山には外国人はひとりもいなかったという。堀田は、さっそく人夫頭の総元締めと鉱区内私設警察隊の主任と配給所主任を集めて、復旧作業に着手して生産を回復させたという。

鉱山開発で「いちばん頭を悩ますのは、ストックの補充と確保です[★27]」と彼は述べている。日本人の数は、「最盛期には六〇名前後だったと思います。そのなかに戦前この付近の金山で働いていた日本人、ほとんどが大工という資格で働いていた人たちですが、三～四人ほどおりました。このほかに沖縄の漁師さんが二名いて、この人たちは現地採用で働いていました[★28]」。そして、「フィリッピン従業員ですが、事務職員も、熟練工も、一般労働者も、またその家族を含めて五〇〇〇～六〇〇〇人以上いたのではないでしょうか。賃金は、日給で最低一ペソ五〇センタボから三ペソ程度、月給では二五ペソから以上、最高が鉱区内の病院長のドクター・ホセで一五〇ペソ程度ではなかったかと思います[★29]」と。

また、賃金の支払いは軍票かという質問に対して、「賃金の支払いは軍票かとのことですが、その通りです。しかし、彼らは給金をもらえば、すぐに必要な米やほかの食料品を買いますし、当時はここでしか入手できない医薬品や衣類や日用品が多くありました。また、それらが鉱区内から外部に流出することがあっても、この地方の治安維持には、むしろいい結果を生じていたものと確信します[★30]」と回顧している。

しかし、第一四軍宣伝班に所属してパナイ島のアンチケ鉱山を訪問した人見潤介は、石原産業の当地での活動を評してつぎのように述べていた。「石原産業が掘っていましてね。そこへ、実情調査に行きました。私は行ったらすぐに民情調査というのをやるものですから、そうしたらもう、町長や町の有力者、神父、学校の先生までみんな口を揃えて、石原産業の鉱山の日本人の労務係の悪いことを訴えるんですよね。いろいろ聞いてみると、もう牛や馬といっしょにみているのと違うか、というぐらいに虐待されて酷い目に遭うている。それではかなわんというので、労務者がさかんに逃亡するんですね、虐待に耐えかねて。その逃亡した奴をまた捕まえて、逃亡防止の処置をすると、『それは監禁と同じだ』と言って、それを口々に訴えるものですから、それで私はそのような状態を詳しく調べて報告書を書きまして『こんなことをしていたら、パナイ島のゲリラを根絶するどころか、ますます民衆をゲリラ側に追いやっているようなもんだ。だから、石原産業は労務者対策について、もっと大局的な見地に立って善処してくれないと困る』と書いたわけです。それは当時の我々の任務からの視点で報告書としたのですけれども、また立場をかえて石原産業から見れば、戦争遂行のための重要な戦略物資としての銅を最大限日本に送れと要請されているし、それを達成するために労務者が足りない、それを集めようとするけれども、なかなか集まらない。ゲリラが日本軍に協力するな、などと逆宣伝をやっていますから、そうしたら、現在いるところの労務者を最大限に働かせるより方法はない。八時間労働を一二時間労働にしてこき使わなければしかたがないと、こき使われれば、苦しさに耐えかね、逃亡者がでる。逃亡防止のために必要な処置をすれば、監禁同様になるというような悪循環でそういうことになったのです。だからもとはと言えば、石原鉱山に対して、軍なり国家が非常に過大なノルマをかけているところに問題があるわけだといえます。しかし当時としては、こんなことをしていたのでは、全部民衆をゲリラ側に追いやってしまうということで、非常に憂慮し、厳しいことを書いたんです」[★31]。

表 5-2　カランバヤンガン鉱山採鉱・積出量（単位：トン）

年次	採鉱量	本船積	木炭銑	合計	貯鉱量
1942 年	130,500	37,406	—	37,406	—
1943 年	151,582	148,763	980	149,743	—
1944 年	33,033	22,250	473	22,723	—
合計	419,115	208,419	1,453	209,872	209,243

出所：前掲『創業三十五年を回顧して』223 ページ。

この証言は、パナイ島のアンチケ鉱山の話であって、ここで検討し、堀田が述べているカランバヤンガン鉱山のことではない。しかし、ほぼ同じ時期の同じフィリピンでの石原産業への評価として参考までに挙げておきたい。石原産業と関係のない部外者の方が事態をより客観的にみられるからである。ところで、戦時中のカランバヤンガン鉱山の採鉱、積み出し量は表5－2の通りである。

採鉱量と本船積との比率をみれば一九四二年で二六%、一九四三年で九八%に上昇するが、一九四四年には再び五〇%台へと減少した。いずれにせよ、輸送が最大のネックになっていることがわかる。鉄鉱石の積み出しができないことは、逆に言えば日本からの物資がこないことを意味するわけで、この地域でも、年と共に物資不足が深刻化していった。採掘しても搬出する輸送手段を欠いたままストックのみが蓄積されていったのである。それはカランバヤンガン鉱山だけでなく東南アジア全域に共通することだった。

以上、石原産業の戦前、戦中における東南アジア地域の鉱山開発を概観した。表5－3にみるように石原産業の創業以来東南アジア各地で出鉱した鉄鉱石の総量は一四八九万六〇〇〇トンに達したが、その内訳は、スリメダン鉱山九八五・一万トン、ケママン鉱山一九九・七万トン、パラカレ鉄山四三・〇万トン、カランバヤンガン鉄山二一・〇万トン、田独鉱山二四〇・八万トン、合計

表 5-3　石原産業鉱山別鉄鉱石対日輸出量（単位：1,000 トン）

年	スリメダン	ケママン	パラカレ	田独	カランバヤンガン
1920	19	—	—	—	—
1921	136	—	—	—	—
1922	187	—	—	—	—
1923	237	—	—	—	—
1924	256	—	—	—	—
1925	288	—	—	—	—
1926	521	—	—	—	—
1927	810	—	—	—	—
1928	785	25	—	—	—
1929	859	61	—	—	—
1930	721		—	—	—
1931	497		—	—	—
1932	493		—	—	—
1933	415	1,168	—	—	—
1934	588		—	—	—
1935	604		—	—	—
1936	600	146	—	—	—
1937	473	91	—	—	—
1938	381	81	50	—	—
1939	363	124	110	—	—
1940	442	108	210	168	—
1941	118	40	60	307	—
1942	—	—	—	805	37
1943	—	—	—	832	150
1944	—	—	—	296	23
合計	9，851	1,997	430	2,408	210

出所：スリメダン，ケママン鉱山統計は、1929 年までは前掲『石原産業事業概要』、1930 年以降は日鉄社史編纂委員会事務局編『日本製鉄と鉄鉱資源――日鉄社史鉄鉱部門資料篇』より作成。

一四八九・六万トンであった。この数字は、戦前開発したスリメダンとケママンの両鉱山が石原産業にとってのドル箱で、ここから得た資金を使って、海運や日本国内への事業を展開したことを物語っているのである。しかし、戦中にはいると石原産業はすでに掘り尽くされたスリメダン鉱山や峠をすぎたケママン鉱山を放棄し、東南アジアの広範な地域で鉱山開発活動を中心にその事業展開をおこなったのである。しかし、パラカレ鉱山やカランバヤンガン鉱山の鉱石量の少なさが如実に物語るように、その開発は成功することなく、多くの場合資材不足に輸送力不足が重なって新たな開発を行い得ないままに敗戦を迎える結果になった。ただ、一つだけ例外をあげるとすれば海南島の田独鉱山であった。石原産業は、日中戦争最中の一九三九年二月に日本軍が海南島に上陸すると即座に調査隊を派遣し、スリメダンとケママン鉱山にあった資材を海南島に転用し、一九四〇年六月から鉱石の積み出しをおこなった。以降四五年一月に軍が中止命令を出すまで鉱石を搬出したのである。★32

3 戦時下の海運事業

石原産業は、開戦以降、前述したような海運会社を組織して、主に海軍占領地を中心に、その物資輸送に専念した。南洋海運は、大丸（一〇三〇トン）、鳶丸（九九三トン）、徳山丸（二九七トン）、須磨丸（三〇九トン）、星斗丸（二二一九トン）、南進丸（一四二二トン）の六隻をもって南ボルネオ海域とジャワの間を連絡した。興南海運は一〇〇トンクラスの機帆船一九隻をもって南ボルネオの沿岸航路を担当した。日の丸航運も一〇〇―四〇〇トンの機帆船一二隻をもって小スンダ列島の海域を運行した。大和航運もバリクパパンを拠点に機帆船七隻をもって運行した。もっとも戦争中のため沈没する船舶も多く、部品が不足して修理ができず、やむなく運休するケースも少なくなかった。

ここでは海軍地域沿岸とジャワとの海上輸送に従事した南洋海運株式会社に焦点をあててその活動状況をみてみよう。

「受命当時吾社ハ庸船徳山丸ヲ内地ヨリ進出セシメタル外適船ノ入手困難ナリシタメ軍ヨリ戦利船又ハ拿捕船ノ貸下ゲヲ受ケ業務開始セリ　貸下船中大丸、鳶丸ハ現在尚所定航路ニ就航シツツアルガ温州丸ハ上海ヨリマカッサル向回航ノ途中敵襲ニヨリ沈没シ金山丸及光丸ハ吾社受取後二ヶ月足ラズニシテ　孰《いず》レモ敵襲ニヨリ南海ニ沈没ス其後現地ニ於ケル要輸送物資及人員ノ増加ニ即応スルタメ軍ヨリ更ラニ星斗丸、須磨丸、志内丸ノ貸下ヲ受クルト共ニ吾社ニ於イテモ南進丸及華宏号ヲ庸船シテ之レヲ現地ニ回航シ緊迫セル輸送上ノ隘路打開ニ努力シツツ現在ニ至ル　吾社担閉《ママ》ノ沿岸航路ハ現地海上輸送ノ中核ヲナスモノニシテ之レガ整備拡充ハ直接現地ノ経済開発ニ影響スル処大ナルノミナラズ他面局地輸送ヲ担閉《ママ》スル機帆船ヲシテ機能ヲ十分ニ発揮セシムル所以ナリト信ズ従テ吾社トシテハ今後軍ノ斡旋ニヨリ現有船舶ノ殆ド倍数ノ船舶ヲ保有シ以テ現地ノ経済開発ニ協力ヲ熱望スル者ナリ」[★33]。

ここにも輸送力不足の一端が現れていた。

おわりに

石原産業の東南アジア進出の特徴を上げることでまとめにかえよう。

ひとつには戦前の石原の東南アジア進出分野が鉄鉱業と海運だったことと関連し、戦時中においても鉱業と海運を中心に進出したことである。石原は、陸軍地域においては鉱業を中心に、海軍地域においては海運を中心に進出した。

ふたつには、鉱業部門においても海運部門においても日本からの資材や人材の供給不足とあいまって新規事業はほとんど展開できなかったことである。多くの事業所では、戦前来の設備を利用するか、もしくは他の事業所の設備を転用するかして操業を開始することを余儀なくされた。特に石原が進出したフィリピンは治安維持が困難だったことと関連して操業はままならなかった。

全体的に言えば、戦時中の石原産業の東南アジア進出は十分な成果をあげ得ないままに敗戦を迎えることとなるのである。

［注］

（1）石原産業株式会社社史編纂委員会『創業三十五年を回顧して』一九五六年。

（2）金子光晴『マレー蘭印紀行』中央公論社、一九八八年、一〇〇ページ。

(3) 石原合名会社・石原産業海運合資会社・㈱石原産業公司・南国木材株式会社編『石原産業事業概要』一九三〇年、一一ページ。
(4) 石原産業株式会社社史編纂委員会前掲『創業三十五年を回顧して』、一九五ページ。
(5) 同上書、一九五―一九六ページ。
(6) 同上書、一九六ページ。
(7) 同上。
(8) 防衛庁防衛研究所戦史部編『史料集南方の軍政』朝雲出版社、一九八五年、三四七ページ。
(9) 石原産業株式会社社史編纂委員会前掲『創業三十五年を回顧して』、二〇〇―二〇三ページ。
(10) 同上書、二〇六―二一一ページ。
(11) 同上書、二一二―二一三ベージ。
(12) 同上書、二一四―二一八ページ。
(13) 同上書、二二一―二二二ページ。
(14) 防衛庁防衛研究所戦史部編前掲『史料集南方の軍政』、三五〇ページ。
(15) 石原産業株式会社社史編纂委員会前掲『創業三十五年を回顧して』、三九六ページ。
(16) 同上書、二二三―二二四ページ。
(17) 同上書、二二五―二二八ページ。
(18) なお、石原産業と鉄鋼業の全体的関連については、奈倉文二『日本鉄鋼業史の研究』近藤出版社、一九八四年、第一章第四節参照。
(19) 石原産業株式会社社史編纂委員会前掲『創業三十五年を回顧して』、一八〇ページ。
(20) 同上書、一四五ページ。

(21) 日本のフィリピン占領期に関する史料調査フォーラム編『日本のフィリピン占領』龍渓書舎、一九九四年、三七一ページ。
(22) 石原産業株式会社社史編纂委員会前掲『創業三五年を回顧して』、一四八―一四九ページ。
(23) 同上書、七〇―八六ページ、および小風秀雅「日蘭海運摩擦と日蘭会商」、杉山伸也、イアン・ブラウン編『戦間期東南アジアの経済摩擦』同文館、一九九一年参照。
(24) 日本のフィリピン占領期に関する史料調査フォーラム編前掲『日本のフィリピン占領』、三八〇ページ。
(25) 同上書、三八八ページ。
(26) 同上書、三九〇ページ。
(27) 同上。
(28) 同上書、三九三ページ。
(29) 同上。
(30) 同上書、三九六ページ。
(31) 同上書、五一四―五一五ページ。
(32) 石原産業が手がけた鉱山開発に海南島での田独鉄山開発があった。一九三九年六月第一回積み取り船を迎え、日本軍が海南島上陸後の七月に七〇〇〇トンの鉱石を日本に搬出させた。こうして海南島は日本の重要な鉄鉱石の産出地となったのである（石原産業株式会社社史編纂委員会前掲『創業三十五年を回顧して』、一五三―一六三ページ参照）。
(33)『南方ニ於ケル資源開発事業進渉状況調』（外務省外交史料館蔵 E.0.0.0.8-1）。

第七章　日本の植民地経営と東アジアの戦後

はじめに

これまでの各章において、日本の植民地経営の実態を検討してきた。本章では、日本の植民地経営の実態を踏まえて、その歴史的位置を考察する。その際の基本視点は、戦前の日本の植民地経営が、戦後の動きの中で、いかような変容を遂げたのか、或いは遂げなかったのか、その視座を明確にすることである。

第一節　東アジア植民地体制の成立と崩壊

1　一九二〇年代までの東アジア植民地体制

一九世紀から二〇世紀はじめにかけて、清国が衰退の一途をたどるなかで、その周辺諸国はヨーロッパ諸国の植民地となっていった。その過程で植民地・半植民地を包含した二つの地域勢力圏（それは広い意味で政治、経済、軍事的協力関係を内包する）が東アジアに形成されていったことは注目に値する。

そのうちのひとつは大英帝国がマレー半島のゴムと錫を軸にタイ、仏印、蘭印を包みこんで形成した「東南アジア域内交易圏」と称するものであった。大英帝国の国際貿易の多角的決済体系[★1]の一環として一九〇〇年代から二〇年がかりで形成されたこの経済圏は、ゴムと錫と米の物流の組み合わせをもって特徴づけられていた。まずゴムは英領マラヤが生産と物流の中心であり、さらにタイや蘭印、サラワク、北ボルネオから同地に輸入されたゴムを加え、それらをアメリカとイギリス、フランス、日本、カナダに輸出していた。錫もゴムとほぼ同じ動きをしめしていた。英領マラヤでの生産に加えて蘭印、タイ、ビルマ（現ミャンマー）から同地に集積された錫は、アメリカを中心にカナダ、ヨーロッパ、日本、インドへと輸出された。この英領マラヤを中心としたゴム・錫の生産国に米を輸出していたのがタイであった。同じ産米国でもビルマは主にインドとセイロンに、仏印はフランスと香港、仏領アフリカに米を供給しており、タイが東南アジアの穀庫としての役割を担った。

以上の動きを「東南アジア域内交易圏」の要の位置にあった英領マラヤでみた場合、その主要輸出品のトップはゴムで、金額ベースで全体の輸出額の四一・四%を占め、そのうちの五五・六%がアメリカに輸出された（一九二九年―三九年の平均、以下同様）。錫も同時期に英領マラヤの総輸出額の一九・六％を占め、その大半はアメリカ向けであった。つぎに輸入をみた場合、英領マラヤの輸入品のトップはゴムで、総輸入額の一二・〇％を占め、そのうち六三・七％は蘭印から、一四・二％はタイからの輸入であった。第二位はガソリンで蘭印より供給され、そして第三位は米で、その大半はタイからの輸入であった。[★2]

英領植民地を中心に蘭印とタイを包括したこの「東南アジア域内交易圏」の形成とほぼ同じ一九〇〇年から二〇年頃までに、日本は台湾領有（一八九五年）、関東州、満鉄付属地、樺太領有（一九〇五年）、「朝鮮併合」（一九一〇年）、青島（一九一五年、ただし一九二二年に中国に返還）、ミクロネシア（一九二二年に委任統治領）領有をへて、「東北アジア交易圏」と称すべきひとつの経済圏を形成しはじめていた。この経済圏は前述した「東南アジア域内交易圏」と比較すると各地域の各物資が日本と単線でつながっており、そのぶん単純な構造になっていた。朝鮮からは米、台湾からは米と砂糖といった食糧が日本に移入され、関東州と満鉄付属地からは大豆や大豆粕などの農産物、農産物加工品、鉄鉱石や石炭などの工業原料、銑鉄など工業製品が移入された。樺太からは材木とパルプが、南洋群島と称された赤道以北のミクロネシアからは海産物、燐鉱石、砂糖などが移入された。そして繊維や雑貨を中心とした軽工業製品が日本から植民地に移出された。たしかに関東州、満洲と朝鮮、台湾との間での交易はおこなわれていたが、対日移出入量と比べればその量は多いものではなかった。[★3]両交易圏に共通する点は、いずれも植民地は工業原料を本国や欧米先進国に供給する見返りに、本国や欧米先進国の生産した工業製品の市場となったことである。ただし、先の「東南アジア域内交易圏」のように、大英帝国の国際貿易の多角的決済体系の一環として、資源を相互に交流させながら域内ネットワークを作り上げるようなシステムは、「東北アジア交易圏」のなかでは希薄であった。

両交易圏の交流は、その形成過程からヒト、モノ、カネ、情報の面でおこなわれていた。先鞭を切ったのはヒトであった。第一次大戦前までは「からゆきさん」と称された日本人娼婦が、東南アジアの日本人社会の中心であった。第一次大戦後、東南アジアで廃娼の動きが積極化するなかで日本人娼婦の数は激減し、これにかわって農業、商業に従事する正業者の数が増加していった。農業の場合、その中心は英領マラヤではゴム園労働者であったし、フィリピンではダバオの麻農園関係者であった。そして東南アジア各地に自営商業者や商社員が日本人社会を形成しはじめていた。[★4]こうしたヒトの動きにくわえ、第一次大戦を契機に日本からの綿製品輸出が増加し、モノの面でも両交易圏の結合は日本からの工業製品輸出、東南アジアからの原料品輸入というかたちでその結び付きを強め、名和統一のいう日・米間の生糸＝綿花貿易（第一環節）、日・英間の綿布＝重工業原料貿易（第二環節）、日・満支貿易（第三環節）からなる「貿易の三環節構造[★5]」の第二環節をかたちづくっていった。これと関連しカネの面でも第一次大戦以降、対東南アジア金融網の拡大と投資の増加がみられた。典型は石原産業であった。ゴム園労働者として英領マラヤに渡った石原広一郎はスリメダン鉱山を発見し、一九二〇年に石原産業の前身南洋鉱業公司を設立し、八幡製鉄所に鉄鉱石を供給し、二〇年代の末には日本の鉄鉱石輸入の四割弱を占めるにいたった。こうした動きを金融面で支えたものに、第一次大戦前後の台湾銀行の東南アジアへの支店網拡大があった。即ち同行はシンガポール（一九一二年）、スラバヤ（一九一五年）、スマラン（一九一七年）、バタビヤ（一九二八年）に支店を開設していった。台湾は「東南アジア域内交易圏」への侵食の拠点としての役割を受け持ったのである。

同じ時期に朝鮮は「東北アジア交易圏」形成の尖兵的役割を演じ満洲への経済的進出を開始した。情報という点では明治期には志賀重昂『南洋時事』、竹越與三郎『南国記』などが出版され、「南進」の必要性が説かれたが、大正期になると『実業之日本』を中心とするマスメディアが南洋ブームを生みだし、一九一五年には南洋協会が設立されるにおよんで、次第に東南アジアの具体的状況が知らされるようになり、日本人の南方展開を促進することとなった。★6 第一次大戦後の南洋群島の占領はこうした動きに拍車をかけた。

いずれにせよ「東北アジア交易圏」と「東南アジア域内交易圏」はその成立期から貿易を中心に相互に交流をもち、前者は後者に経済的侵食をするかたちで存立していたのである。

2 一九三〇―四五年の東アジア植民地体制

両交易圏の交流から日本による「東南アジア域内交易圏」への武力的統合の動きに転じたのは、一九三〇年代中期以降のことであり、それが積極化したのは三〇年代末のことであった。統合の契機となったのは、両交易圏間の貿易摩擦というよりはむしろ、日中戦争の泥沼化、アメリカの対日禁輸措置の拡大、ヨーロッパ情勢の進展のなかでの石油、錫、ゴムなどの戦略物資の獲得要求の高まりであった。一九三一年の満洲事変から日中戦争への戦火の拡大は「東北アジア交易圏」内への中国占領地の武力的包み込みを内容としていたが、その過程は「東南アジア域内交易圏」の貿易を握る華人の反発を生み、日貨排斥運動を東南アジア各地に勃発させた。もっとも、この運動は逆に地域によっては日本商人の流通ネットワークの拡張による日本商品取扱量の拡大を生む結果となったことをみのがすことはできなかった[★7]。

一九三七年七月の日中戦争の勃発と三八年一〇月の武漢作戦終了後の戦線の膠着のなかで、翌一一月近衛内閣は、「帝国の冀求する所は、東亜永遠の安定を確保すべき新秩序の建設に在り」とする「東亜新秩序」声明を発表した。この声明の意図したことは、国共合作で抵抗する中国側に対し、国民党が共産党と袂を別つならば日本は手をたずさえて「東亜新秩序」を建設する用意がある、というものであった。その声明に応えて日本に協力を申し出た国民党の汪精衛を傀儡として遇したことに明らかなように、「東亜新秩序」とは「東北アジア交易圏」内への中国占領地の武力的包み込み、つまりは日本の従属下で中国の植民地化を推し進めることだった。日中戦争が長期化した一九四〇年七月、第二次近衛内閣が発足した際、外相の松岡洋右は「東亜新秩序」の延長線上で「大東亜共栄圏」の建設をうたいあげた。それは折から積極化したドイツのヨーロッパ侵略の動きに呼応して、英、米、蘭の植民地だった東南アジアの国々を「東北アジア交易圏」の一翼に包摂しようというもので、換言すれば「東南アジア域内交易圏」の武力的統合をめざしたのである。蘭印の資源の獲得をめざした日蘭会商が破綻し、日本の仏印進駐で欧米と衝突し、「大東亜共栄圏」の建設をスローガンにアジア・太平洋戦争に突入することを最終決定したのは、一九四一年一二月一日の御前会議のことであった。

一九四一年一二月八日、日本軍が英米に宣戦を布告して第二次大戦に参戦した。日本は武力で両交易圏の統合に乗り出したのである。一九四二年前半までに日本軍は北はアリューシャン列島の一部から南はチモール島、西はビルマから東はガタルカナル島までの広大な地域を占領した。この「大東亜共栄圏」がそれ以前の交易圏と著しく異なっていた点は、戦争のなかで、戦争のために作られたという点と関連して排他的な域内交易圏の形成がめざされたことであった。それ以前の交易圏は程度の差こそあれ、他の地域との交易は禁止されていなかった。むろん一九二九年の世界大恐慌を契機に欧米日はブロック経済への道を歩みはじめていたが、他のブロックとの交易は不利ではあれ禁止はされていなかった。ところが、この「大東亜共栄圏」は、中立国ポルトガルの植民地だったマカオを含むごく一部の例外を除けば他の地域との交易はなかった。そこでは日本は一元的な工業製品の供給国となり、反対に東南アジアの国々は工業原料の日本に対する一元的供給国となったのである。世界市場向けに生産され、それに見合う量と質の工業製品の供給を受けていたこれらの東南アジアの国々は、貧困な工業力しか有さない日本と結合することを余儀なくされるなかで、工業原料の供給過多、工業製品の不足の状況を呼び起こした。くわえて四三年以降戦局が悪化し連合軍の反撃が積極化し、東南アジアと日本の海上輸送路が遮断されると、工業製品の供給不足は一層顕著となり、インフレの進行は住民の離反と反日運動の激化を生んで「大東亜共栄圏」は内部から崩壊していった。

しかし、留意すべきは、この「大東亜共栄圏」の形成過程で「東北アジア交易圏」の中に生じた大きな変化、つまりは植民地で工業化が進展したことであった。「大東亜共栄圏」形成のスタート台となった満洲事変後に、関東軍参謀石原莞爾らは将来の大戦争の勃発を予想して、満洲を工業地帯に変えるための工業化政策を立案し、三七年以降実施に移していった。「昭和十二年度以降五年間歳入及歳出計画付緊急実施国策大綱」などを出発点に、満洲で「先導的」に具体化された「満洲産業開発五カ年計画」は、やがて「生産力拡充計画」とその名を変えて、日満一体の工業化政策へと発展していった。[★8] 日満一体という場合の日本のなかには、台湾、朝鮮、樺太、南洋群島といった満洲事変前に日本の植民地となった地域が含まれており、さらに戦争の拡大につれて占領地となった華北、華中、華南、東南アジアの諸地域が新たに加えられていった。工業化は「大東亜共栄圏」あげての政策課題となったのである。この課題を実現するために、「大東亜共栄圏」内で物資動員機構が作られ、「物動計画」と略称される「モノの予算」が組まれていった。[★9] この物資動員機構は台湾、朝鮮といった早期に植民地化された地域では強固に作られ、日本の版図に組み込まれる時代が新しくなるにつれて脆弱になっていった。

この工業化の中身は軍需工業の拡充であった。一九三七年以降各地で製鉄、人造石油、軽金属などの工業建設と拡充がはかられたのである。もっとも各地域で一律に工業化が推し進められたのではなく、満洲や台湾、朝鮮などでは半製品が、日本国内では完成品が生産されるなど、地域ごとに異なる工業化政策が推し進められたが、工業化が目指されたことは事実であった。この点は「東南アジア域内交易圏」にも満洲事変前の「東北アジア交易圏」にも見られない戦争準備と関連した新しい特徴であった。これは経済的要因からきたものではなく、戦時体制下の政治的要因に規定されてできたものであった。そしてこの政治的要因は戦後の冷戦体制に規定され、新しい姿をとって東アジアの工業化を規定することとなる。

3　植民地体制の崩壊と戦後の東アジア

一九四五年八月の日本の敗北――「大東亜共栄圏」の崩壊の後、独立運動と独立国が続出するなかで、東アジアの資本主義諸国は再び二つの勢力圏に再編成された。ひとつは韓国、台湾である。これらは戦後の比較的早い時期に親米色の強い政権が作られ、中国革命（一九四九年）、朝鮮戦争（一九五〇―五三年）を経て、本格的にアメリカの経済・軍事援助を基底にその影響下に組み込まれた地域で、「東北アジア経済圏」と称される勢力圏であった。この経済圏は先の「東北アジア交易圏」や「東南アジア域内交易圏」と異なり、貿易を通じての連携は希薄で、アメリカの経済・軍事援助を軸に形成されていた。この経済圏の特徴は、一九四五年八月をもって消滅した日本帝国を共通の旧宗主国にもち、分断国家として国家財政の過半を軍事費に割き、強力な軍事力をもって社会主義陣営と対峙していること、輸出が輸入の一〇―一五分の一にも満たない慢性的赤字をアメリカの経済・軍事援助で補塡して国家財政を維持してきたこと、冷戦下で戦時体制が基本的に維持されるなかで、それが米援助体制下に再編成されていったことであった。政治体制も共通していた。日中戦争からアジア太平洋戦争にかけて本国・植民地一体で形成された総力戦体制のなかで、村落の隅々まで貫徹する強靭な統治機構は、頂点の日本の総督府が解体されても存続し、それが米軍政当事者に引き継がれ、その再編過程でも温存された。

もうひとつの経済圏は、「大東亜共栄圏」の形成過程で、一度は破壊されたものの、戦後のイギリスの経済復興とあわせて貿易面での絆を強めて復活した地域で、「再版・東南アジア域内交易圏」とでも称される地域であった。戦前と同様、英領マラヤのゴムと錫がアメリカに輸出されイギリスに貴重な外貨をもたらす「ドル箱」となったのである。したがって、この地域は「東北アジア経済圏」がそうであったように即座にアメリカ主導で親米政権が作られることはなく、むしろイギリス主導で戦前の「東南アジア域内交易圏」と同様マラヤをゴムと錫の輸出地とする従属的構造が作られ、この基本的枠組みを守るかたちでのみ各国の独立が承認され、そこから外れる運動には激しい攻撃が加えられたのである。マラヤ共産党のゲリラ組織（マラヤ民族解放軍）にたいする鎮圧はその証左であった。

一九五〇年代においてこの地域で最も大きな問題となったのは、中国革命、朝鮮戦争の影響に加えて一九四五年から継続していたベトナムにおける抗仏独立運動であり、一九六〇年代の半ばにいたり、アメリカがこれに本格的に介入するなかで一層大きな問題となっていった。さらに一九五五年以降、旧ソ連は米英に対抗し、非同盟中立路線をとる開発途上国を中心に、アフガニスタン、ビルマ、エジプト、インド、インドネシアなどに対して援助を開始し東南アジア地域に対してもその影響力を強めはじめていた。★10

ところで、中国革命の成功やベトナムなどでの独立運動の高揚、旧ソ連の対外援助政策の積極化のなかで、こうした動きを認識しながらこれに対抗して新しい援助政策のありかたを模索する動きがアメリカの政権内部を中心に登場してきた。M・ミリカンやW・W・ロストウらが一九五六年にディスカッション・ペーパーとして発表した『提案――効果的対外政策への指針』はそのひとつで、アメリカの援助や借款を計画的に無駄なく使用して開発途上国に経済成長をおこさせ貧困の解決を通じて第二の中国革命を防止しようというものであった。★11しかし、この『提案』はそれを推進する勢力が脆弱だったこともあって、一九五〇年代のアメリカでは立案中枢には力をもたず、開発途上国でも具体化されることなく終わった。唯一の例外として東アジアでは日本だけが、借款や技術導入を通じて高度経済成長を軌道に乗せはじめていた。

贈与よりも借款を重視し、外資の効率的運用を通じて開発途上国に経済成長を推し進め得る産業を育成していくという工業化政策の立案と実施は、一九六〇年代にはいるとアメリカの政策中枢で力を占め、開発途上国でもそれを実施しようとする政権が生まれはじめた。一九五〇年代末にタイに登場したサリット＝タノム政権、六二年に李承晩政権から張勉政権をへてクーデターで政権を奪取した朴正熙政権、六五年の「九・三〇事件」以降スカルノにかわって大統領の座に就いたスハルト政権、六五年以降シンガポール経済をリードしたリー・クアンユー政権はその典型で、「開発独裁」と称されたこれらの政権は、いずれも外資導入による工業化をその計画に盛り込んだ「国家総合開発計画」を掲げた。

すでにイギリスは一九五二年にはじまるスエズ紛争以降アジアから手を引きはじめ、六八年にはシンガポールからの撤収声明を発しており（実際に撤収を完了したのは一九七六年のことであった）、それに先立つ一九六五年にマラヤ半島はマレーシアとシンガポールに分離独立しており、「東南アジア域内交易圏」は政治的に崩壊していた。一九六〇年代に入ると、高度成長を軌道に乗せた日本が、資金供給をテコに「東南アジア域内交易圏」を解体し、その包み込みを始めており、さらに韓国と台湾にその経済的影響力を強め、アメリカと連係して「東北アジア経済圏」のヘゲモニーを掌握し始めていた。日本は一九五五年の対ビルマ賠償を皮切りに東アジア賠償を開始し、さらに六〇年代にはいると、対東アジア借款を通じて折から東アジア諸国で開始された工業化政策に対して資金を供給し、東北、東南両アジア諸国を統合して一つの経済圏――「東アジア経済圏」を形成しはじめたのである。一九七〇年代にはいると日本は直接投資をもってこの政策の推進の原動力となった。

東アジア諸国のなかでも日本からの外資を集中的に使用して工業化を推進した韓国や台湾（都市国家としての香港、シンガポールを含む）と、それがなし得なかったその他の国では、七〇年代以降の経済成長に大きな差が現れた。韓国や台湾では、戦時中に日本が作りあげた総力戦体制が戦後の冷戦体制のもと「東北アジア経済圏」のなかで戦前の統治とは断絶した親米統治者たちの手で利用され、これらの国々の為政者たちは日本からの資金を巧みに利用し、戦後版工業化を推進したのである。加えてこれらの国が工業化をスタートさせた一九六〇年代半ばは、ベトナム戦争が本格化した時期であった。彼らはこの戦争の拡大の動きに比例して増加した特需に便乗して工業化を軌道に乗せ、七〇年代にNICS（ニックス）もしくはNIES（ニーズ）と呼ばれる高度成長国に押し上げたのである。

では次に「生産力拡充計画」や物資動員計画と戦後の工業化の意味と役割をみてみることとしよう。

第二節 「大東亜共栄圏」と「東アジア経済圏」

1 工業化政策の立案過程

なぜ満洲事変以降植民地で工業化政策が現実的課題になったのだろうか。工業化政策の出発点となった満洲事変前後に焦点にあてて検討してみることとしよう。

工業化政策のスタート台となった「昭和十二年度以降五年間歳入及歳出計画付緊急実施国策大綱」の立案の直接的契機が、関東軍の軍事膨張志向にあったことは前述した。具体的にいえば満洲占領後国境を接した旧ソ連極東軍との兵力面での劣勢に驚愕した関東軍参謀石原莞爾が、その差をうめるために抜本的な軍事拡充計画を立案したことにあった。さらに彼の発想の根底には、将来予想される対ソ・対米戦に備えるために、満洲の地に一大軍事基地を構築する必要があったのである。そのため一九三六年末に決定された「満洲産業開発五個年計画綱要」によれば、満洲国自体で工業化を推し進められるような計画になっていた。しかし一九三七年七月の日中戦争の開始とその拡大にともなう日本国内での軍事工業化の進行とともに、この計画は日本国内での計画の一環に組み込まれ、その名も「生産力拡充計画」と変わっていった。

では、なぜ満洲でこの計画が開始されたのだろうか。満洲が旧ソ連に隣接する最前線であったこと、満洲が豊富な地下資源に恵まれていたことなどがその理由にあげられるが、最大の理由は、満洲事変前に、奉天軍閥のもとでその軍事力を維持するための一定の工業化が推し進められていたことであった。満洲事変勃発二年前の一九二九年九月現在における張学良指揮下の東北軍の人員は三六万五〇〇〇余、保有する武器は小銃三〇万余、機関銃一三〇〇余、迫撃砲一〇〇〇余、火砲五八〇余、飛行機一九〇余であった。この兵力がいかに巨大であったかは、当時最大の兵力を有していた蔣介石指揮下の中央軍と比較すれば明らかであった。すなわち中央軍の人員は六一万九〇〇〇余、小銃四七万九〇〇〇余、機関銃二四〇〇余、迫撃砲一〇〇〇余、火砲八三〇余、飛行機一四〇余であった。東北軍は他の軍閥を一頭地抜いて中央軍に次ぐ第二の軍事力をもち飛行機においては中央軍を凌いで中国第一であった。[★12]

こうした軍事力を維持するために、奉天軍閥は中国一と称される兵工廠を有していた。この兵工廠は一九〇二年に設立され、一九二〇年当初は僅かに銃器、弾薬の修理、製造をなすに止どまっていたが、二三年になるとその名も東三省陸軍兵工廠と改名し、大拡張され工員一万を擁する総合軍工廠に変貌したのである。[★13]この強大な軍事力とそれに付随する軍事産業を維持するために奉天軍閥は、巧妙な金融操作で財源を捻出しその財政支出の大半を軍事費に投入した。一九二六年度奉天省財政支出一億五五三四万元のうち軍事費は一億四七一四万元で、全体の九五%近くを占めていたのである。[★14]その他この軍事力と軍事産業を支えるための教育機関も設立されていた。工業化を開始するのに十分な物的・人的パワーが一九三〇年代初頭の満洲に蓄積されていたのである。こうした条件があればこそ、満洲事変以降比較的早期に関東軍はこれらの施設を「敵産」として接収し、満洲の地で「独立国家」を樹立し、軍事工業化を推し進めることが可能になった。満洲事変の立役者の石原莞爾は、プロイセンのシレジア地方を満洲の地になぞらえてその豊富な資源の開発を位置づけたが、満鉄の工業力に加え張学良政権の「遺産」がなかったならば、潜在的な地下資源の存在だけでは大規模な工業化政策を立案することはできなかったであろう。朝鮮においても満洲ほど大規模ではないが、「併合」以前から朝鮮人を中心に企業勃興熱がみられ、さらに一九二〇年代になると日本から進出した日本窒素の手で東北部の興南を拠点に水力発電事業を中心とした電気化学工業がコンビナートとして展開されており、満洲での工業化政策に呼応する動きを示す素地が作られていた。また、台湾でも日本が占領する以前から土着糖業の活動がみられたが、占領後は日本の糖業企業を中心に広汎な事業展開がみられたのである。このような条件があればこそ、工業化政策は満洲から朝鮮、台湾へと拡大する素地をもっていた。

いまひとつ工業化政策の展開で欠かせないのは、人的パワー、つまり教育であった。「東南アジア域内交易圏」にしろ満洲事変前の「東北アジア交易圏」にしろ、その主体は一次産品であり、したがってその中心的産業は第一次産業（農林漁業）であった。これを第二次産業、つまり工業にシフトさせるには技術教育の拡大などそれなりの教育システムの変更もしくは充実が不可欠であった。その意味で満洲事変前の張学良政権時代の教育システムは、前述した軍事機構と軍事産業を維持するにふさわしい条件を維持していた。大学・専門学校は東北大学、吉林大学を筆頭に十数校を数え、これを頂点として中等・初等学校のシステムが積み上げられていた。したがって「建国当初、初等学校就学率は一七・八％と推定せられたるも康徳四年〔一九三七年――引用者〕には三〇％となり、康徳九年〔一九四二年――引用者〕には四十％を越えるに★15至り、「建国当初、旧政権時代の大学及び専門学校は一応全部閉鎖せられ其の多くは廃校となったのであるが、其後漸次、新しく設立せられるに到り[★16]」、「建国大学を初めとして満洲国新学制に基く国立大学が実に十五に垂《なんな》んとしてゐる[★17]」のである。一九四二年の就学率四〇%――といっても設備不足のため実質就学率はこれをはるかに下回ったというが――という高い就学率は、張学良時代の文教政策の成果を無視して語ることはできない。

この満洲と類似した教育レベルを維持していたのは、朝鮮と台湾であった。これらの地域では、植民地化過程でそれぞれに固有の言語、文化、伝統を否定するかたちでの「皇民化教育」がおこなわれたが、その犠牲の上に日本の統治が要求するレベルでの義務教育の徹底化が推し進められたのである。この結果、朝鮮では一九四〇年当時で初等学校の就学率は日本人でほぼ一〇〇%、朝鮮人で三八%に達した。また台湾でも同じ時期に初等学校の就学率は日本人でほぼ一〇〇%、台湾人で五八%に達したのである[★18]。しかし、これを単純に日本の統治の結果と解することはできない。満洲がそうであったように、朝鮮、台湾でも日本による植民地化過程以前から教育熱は高く、そのため日本は占領当初はこの民族教育を抑えて同化教育に力を注いだのである。

2 工業化政策の実施過程

では工業化政策実施過程の特徴はいったいどこにあったのか。軍事的要請からアウタルキー（排他的）経済圏の形成を課題とした「大東亜共栄圏」を実現するために、この時期の工業化政策は当然のことながら軍需主体に形成されていた。この時期に立案されたどの開発計画書をみても、鉄鋼、石炭、人造石油（化学合成もしくは石炭液化による）、ボーキサイトに代表される軍需物資を生産することにその主たる目標が設定された。例えば一九三八年以降四年間の予定で実施に移された「生産力拡充四カ年計画」の場合は、普通鋼々材、鋼塊、銑鉄、鉄鉱石、石炭、アルミニューム、銅、人造石油、硫安といった軍需基礎素材部門の拡充にその重点がおかれていた。しかもこの「生産力拡充四カ年計画」では、普通鋼々材の二二・三％、鋼塊の一六・九％、銑鉄の三二・四％を満洲で生産する予定になっていた。これには朝鮮、台湾で生産を見込まれた予定量は含まれていなかったから、これを加えればその数字は一層大きくなったであろう。満洲を含む植民地に生産の大きなウエィトがかかっていたのである。

植民地でこうしたことが可能だったのは当時の工業化のレベルと密接な関連をもっていた。つまり、軍需中心に展開されたこの時期の工業化は、当然のことながら軍事と密接に結び付いていたために、技術は秘匿性を帯び、したがって技術移転の社会的ひろがりは狭くかつ特殊なものであった。そのため、ごく少数のエリート熟練工を中心に、あとはその補助労働者を確保できれば、その熟練工を媒体に生産は推進し得たのである。戦前における労働力編成は熟練工を中心にいわゆる「年功的熟練」[★19]を基礎に構築されていたが、軍事偏重の植民地の工業化もその例外ではなかった。ただ日本の植民地の場合には、この熟練工の大半を日本から派遣されてきた日本人職工が占め、その補助労働者の多くを植民地の労働者が占めるという就業構造が作られていたのである。そしてこの補助労働者として機能するにふさわしいレベルの義務教育が、満洲、朝鮮、台湾で実施されていったのである。

典型を工業化のスタート地となった満洲とそれに続く朝鮮でみてみよう。まず満洲の製鉄業の中心である昭和製鋼所の場合、一九三〇年代の前半において日本人労働者はその七割が社員として銑鉄、工務部門に集中し、銑鉄、化学、工作、動力部門といった要の場所で指導的ポジションを占めたのに対し、現地人労働者はその九割までが社員外で、採鉱を中心とした筋肉労働部門に重点的に配置された。もっともその数は僅かではあるが中国人社員が中枢部門において活動していたことは指摘しておく必要がある。朝鮮についていては、興南に本拠地をもっていた野口遵率いる日本窒素系の朝鮮窒素でその事例をみてみよう。興南に作られたコンビナートの中枢を占めたのは肥料工場の肥料課と硫安課であった。このふたつの課の総在籍数一七〇〇人中、約七割に該当する一一七五人は日本人で、しかもその圧倒的多数は日本人の成年労働者であった。それ以外の運搬、採鉱、採炭といった副次的部門——その多くは肉体消摩的で、機械を導入するより低廉な植民地労働力を導入したほうが企業にとって有利な部門——には、植民地労働力が集中的に投入された[20]。

この時期の就業構造の特徴は、この工業化が満洲や朝鮮などの在来経済にどのような影響を与えたのかを考慮する際重要な意味をもつ。植民地で動員された労働者の大半が不熟練労働者であったということは、彼らが出身地の農村から離れて間がなく、農村との紐帯を断ち切れずにそこと密接に結び付いていたことを物語る。それは日中戦争期の軍需動員から始まり太平洋戦争期にはいり徴用制度が一般化するなかで一層激しくなった。したがって一九四五年八月に日本が敗戦を迎え、就業強制力がなくなり、日本人熟練労働者が帰国すると、生産体系の崩壊や大幅な能率低下とあいまって、彼らの多くも職場を去って農村に戻っていった。満洲や朝鮮、台湾の場合、戦後しばらくは日本人技術者が残留し、中国人や朝鮮人技術者の教育に従事した。しかしその効果については、それが大規模に実施された満洲の場合、旧ソ連軍の進駐とそれに伴う工業設備の自国への搬出や、国共内戦による混乱といった戦後東北経済の変動とあわせ、その効果に関しては検討の余地を多く残している。[★21]また朝鮮の朝鮮窒素の場合には、ごく少数の熟練労働者を除き、大半の労働者は職場を去ることで「総崩壊」をとげたというし、鉄道部門においては逆に朝鮮人労働者の多くが残留して鉄道運行を支えたという。[★22]工業化しようとしたことは当時の欧米を含む植民地のなかでは異例なことであったが(ただしインドを除く)、その工業化が在来経済をどこまで変えたかといえば、その影響力は都市部に限定されたものであった。

にもかかわらず、この時期の植民地での工業化政策が、物資動員計画の一翼に組み込まれ、その枠内で実施されており、この計画実現のために財の日本への強制供出機構と日本からの財の分配機構が、統治機構と不可分の関係で植民地・半植民地・占領地に張りめぐらされていた点は、戦後の工業化を検討する際に重要な意味をもとう。そもそも物資動員計画とは、年間の物資の供給量を確定し、その枠内で需要量を配分するもので、別名「モノの予算」と称され、日中戦争が本格化した一九三八年一月以降実施され、その後次第に機構が整備されていった。この物資動員計画とは、まず日本国内、植民地(後に満洲や中国占領地、東南アジアの占領地が含まれる)での生産量の上に、欧米など第三国からの輸入量をプラスして年間の供給量を決定し、次にその枠内で日本、植民地(満洲、占領地)を統括する各官庁、陸海軍が事務折衝を通じてそれぞれの需要量つまり取り分を決定し、さらにその残りの財を日本、植民地(満洲、占領地)の民間人に供給する、というシステムであった。この物資動員計画は、発足以降、戦局の推移とともにそれに照応して変更が加えられ、三九年になると朝鮮や台湾に加えて満洲でも実施され、中国占領地の工業化が現実の課題になるにともない「満洲・支那」の項目が新たに加えられ、「生産力拡充部門」も新設された。

四〇年になると、国際環境の変化のなかで自給率の増加が重視され、四一年のアジア・太平洋戦争への突入により計画の変更が顕著となり、物資動員計画の基準になっていた供給量のうち第三国と称された欧米諸国からの輸入量は、貿易途絶にともない消滅した。それと関連して外資の重要性が消滅すると、第三国輸出用がなくなり、それにかわって東南アジア占領地域が物資動員計画の一翼に組み込まれ、「大東亜共栄圏」内の輸送力の重要性が増した。こうして四二年以降は、「甲造船」、「交通輸送」、「南方占領地域向資材供給」といった項目が新設された。しかし、四三年以降本格化した連合軍の反撃と日本軍の後退のなかで「大東亜共栄圏」内の輸送路が米軍の手で切断されると、この物資動員計画は根底から崩壊し、工業化政策は破綻を余儀なくされていった。[9]

以上が物資動員計画のごく簡単な経緯である。日中戦争以降つぎつぎと占領地がこの計画の対象地域に組み込まれていった経緯が理解できよう。この計画の中枢を担ったのは、日本本国を除けば植民地、なかでもその歴史が最も長い朝鮮と台湾であり、それに次ぐのが満洲であった。朝鮮や台湾では、工業化政策を推進するのに不可欠な物資動員計画と関連する諸機構が、行政機構の一環に組み込まれ体系的に整備されていたのである。一九三八年五月以降、日本の国家総動員法の発動と時期を同じくして、朝鮮、台湾でも該法が実施に移され、日本と同様の条文が施行され、労務動員機構が設立されていった。また、朝鮮では四〇年一〇月に大政翼賛会の朝鮮版として国民総力朝鮮連盟が結成され、トップは総裁（総督兼任）からボトムは愛国班（日本の隣組に該当する）まで、行政機構と表裏一体の上意下達の組織が作られ、台湾でも四一年四月に皇民奉公会が組織され、日本の隣組に当たる奉公班を基底に行政機構と一体の台湾版大政翼賛会が作られていった。一九二〇年代以降組織化された朝鮮の水利組合や金融組合、台湾の農会はこれらの組織と関連をもっており、物資の供出と分配の一翼をになっていった。

このように朝鮮や台湾では、国民総力朝鮮連盟愛国班、皇民奉公会奉公班といった日本の隣組に類する組織が作られ、他の地域でも類似のものが作られていった。しかし、この時期作られた組織は強権的という点では共通していたが、その機能、ネットワークの密度という点では植民地支配の歴史が長い朝鮮、台湾のそれが一頭地抜いていた。満洲では労働力動員組織として三八年一月満洲労工協会が設立され、その後組織強化がおこなわれたが、これはあくまでも華北からの出稼ぎ労働者の統制機関的色彩が濃厚だったし、金融合作社、農事合作社なども特産大豆の買い付け機構である糧桟の統制機関であった。このように各部門別に統制機関は作られたが、統治機構と結び付いた動員機構が「個人」を把握することはなかった。たしかに満洲では協和会なるものができたが、その意図した目標はともかく、現実の協和会は、その強権的性格、統治機構との表裏一体性という点では、朝鮮、台湾のそれと共通していたが、その組織的強固さ、ネットワークの密度という点では、国民総力朝鮮連盟や皇民奉公会ほどではなかった★23。

華北や華中の占領地になると日本の支配範囲は接敵地域を抱えて極端に狭まり、占領地域に作られた統制機関も統治機関もその活動力は著しく脆弱で、「点と線」の支配と称されたように、物資動員力も極めて低かった。東南アジアの占領地となると一九四三年以降の連合軍の反撃のなかで、物資動員と統制経済の機構を構築するに十分な余裕もなかった。したがって東南アジアで物資動員計画に組み込まれていったのは、太平洋戦争前にこの地に蓄積されていたストックであった。しかし、物資動員機構が戦時中に最も強固に作られた朝鮮・台湾でこの総力戦統治機構が戦後は末端をも包含した統治機構として生きつづけ、この国で生れた戦後政権の権力の下支えの役割を演じたのである。

3　東アジアでの戦後工業化の開始

東アジア（ここで言う東アジアとは今日の東アジア各国とアセアン各国を包含した地域をさす）における戦後工業化の始発、換言すれば「東アジア経済圏[★24]」の形成の起点は東アジアの親米政権が、米国の東アジア冷戦政策と連動して一斉に外資導入による工業化に踏み切った一九六〇年代初頭に求めることができよう。

しかしこの起点形成の前史を形成するものは、敗戦後の打撃の中で冷戦を機にいち早く復興し戦中の総力戦体制を活用しつつ、岸信介の総理就任[★25]に象徴される戦前からの政治指導体制の連続性を濃厚にはらみながら始まった一九五五年以降の高度成長と、それを前後して開始された東南アジア各国（ミャンマー、フィリピン、インドネシア、南ベトナム）への賠償協定の締結、実施であった。それは同時にまた戦前の主要な経済的パートナーであった地域＝米国、中国、主要製品＝繊維に代わって米国とともに東南アジア各国が中国に代わる市場の座を占めるということであり、この地域を日本の重工業製品市場へ転換する事を企図していたことでもあった。

他方、戦後東アジア各国も新たなスタートを切る。戦前日本の植民地だった朝鮮、台湾では戦後冷戦の焦点となりつつ、朝鮮では四八年には三八度線を境に北部に朝鮮民主主義人民共和国（北朝鮮）が、南部に大韓民国（韓国）が誕生し、四九年には中国革命の完成で中華人民共和国（中国）の誕生と台湾に国民政府が移転することとなる。東南アジアでは欧米からの独立運動が高揚し、独立達成国が増加を開始する。「大東亜共栄圏」内の変化を一言で言えば、戦前政治勢力の後退と戦後新政治勢力の誕生であり、朝鮮、台湾での総力戦体制組織の上にこうした新政治勢力が権力基盤を作り上げたのである。当然、日本とはその様相を異にし、朝鮮、台湾に残存した戦中の総力戦体制は、戦後の新政治勢力の政治的道具として活用された。

「東アジア経済圏」形成の端緒となったのは、高度成長を開始した日本と外資導入による工業化を企図した東アジア各国が賠償もしくは経済協力を梃に国交回復を進めた一九五〇年代後半から六〇年代初頭にかけてであった。東アジアではこの時期外資導入を梃に工業化を推進する政治勢力がクーデターで相次いで政権を掌握した。五八年にはタイでピブン政権に代わってサリット＝タノム政権が、六一年には韓国で張勉政権に代わって朴正熙政権が、六五年にはインドネシアで「九・三〇事件」でスカルノが実権を喪失し六七年にはスハルト政権が誕生した。台湾では、クーデターという形は取らなかったが、経済統制派の官僚に代わって外資導入による工業化を主張する官僚が主流を占め始めた。そしてタイでは「六か年計画」、韓国では「五か年計画」、インドネシアでは「八か年計画」と名称は様々だが、計画経済を掲げて外資導入を目玉に工業化政策をスタートさせたのである。

4　東アジアでの戦後工業化の展開

東アジアでの戦後工業化と「東アジア経済圏」の構築は、その国内外条件の変化によって完成に至る一九七〇年代後半までに大きく二つの時期（七〇年代を前半と後半に分ければ三つの時期）に分けることが可能となる。この経済圏の構築に日本は経済面で深くかかわるが、その前提に東西対立を踏まえた冷戦体制があり、アメリカの東アジア冷戦戦略の経済版があったことは言うまでもなく、その意味では日本独自の勢力圏であった「大東亜共栄圏」とは断絶した性格を有する。

賠償をその端緒に持つ日本との経済的関わりあいは、一九六〇年代は借款を主体に東アジア各国の工業化と連携した。折からのベトナム戦争の激化と連動し生まれたベトナム特需に乗って、東南アジア周辺諸国や韓国、台湾は、日本の借款を梃子に工業化を推進したのである。一九七〇年までに日本の円借款総額一五・二億ドルの半分以上の六五％に該当する一〇億ドル近くが東アジア地域に投入されたのである。この円借款の大半は、運輸、電力などの社会環節資本の拡充に充当され、それが東アジア各国の工業化を進める上でその基礎形成に寄与した。六〇年代後半日本からの借款に「ベトナム特需」が生む好況が加重される形で、東アジア各国は繊維、雑貨などの消費財主体に輸入代替、輸出志向産業の育成を開始した。六五年の日韓基本条約を契機に日本の借款で浦項製鉄所（現在のポスコ）が建設され[★26]、韓国工業化の基盤づくりに寄与した。

一九七〇年代になると日本と東アジア各国の経済的係わり合いは、借款から直接投資に変化する。七一年のニクソンショックと同年末の円切り上げを契機に日本の直接投資は急増、七三年のオイルショックや東南アジアでの反日運動の勃発で、いったん中断した直接投資の伸びも七〇年代後半から再度増加を開始し、投資対象地域も東南アジアから東アジア全域、さらにはアメリカにまで拡大を開始する。海外進出企業もそれまでの繊維、雑貨から電機、機械、石油化学といった重工業・原材料部門に移行し、東アジアでの日本と周辺アジア諸国との経済連携が拡大・強化される中で「東アジア経済圏」が完成を見ることとなる。なかでも韓国、台湾、香港、シンガポールはＮＩＣＳ（新興工業諸国）と称されるようになる。ＮＩＣＳ諸国にとって戦中に形成された日本の総力戦機構がどれほど作用したかといえば、開発独裁政権を維持するための機構として作用した面は否定できないが、戦後の産業のレベルや規模、その国際性から判断すれば産業動員機構として機能する余地は極端に少なかった。その意味では、一九四五年以降時間が経過すればするほど、戦中の総力戦機構はその意味を変容していった。

5　戦前の工業化と戦後の工業化——連続と断絶——

では戦前に「大東亜共栄圏」内で展開された工業化政策と、戦後に「東アジア経済圏」で展開された工業化政策との間にはどのような共通性と差異があるのか。

まず両者の差異についてみてみよう。戦前と戦後の工業化政策の決定的な違いは、戦前は軽工業、戦後は重工業という段階的相違が指摘される。しかし、満洲事変以降に着目すれば、戦前のそれが軍需主体で戦争の勝利を目的にしたのに対して、戦後のそれは民需主体で経済成長を目的にしたことがである。戦前の工業化政策については「満洲産業開発五カ年計画」と関連してすでに触れたのでここでの再論はやめよう。戦後の「東アジア経済圏」内での工業化政策は、経済成長を目的に技術、資本、商品援助を組み合わせ、一国の産業構造を経済成長に適合的に改編することを課題にした「国家総合開発計画」の立案と実施にその主眼がおかれていた。六〇年代初頭に東アジアに登場した「開発独裁」政権は、一様に四―六年をひと区切りに目標成長率を掲げ、借款導入をテコに経済成長をめざす「国家総合開発計画」を立案して実施にうつしていった。この「計画」は名称は似ていても外資、借款主体に経済計画をおし進める点で同じ時期の社会主義諸国のそれとは似て非なるものであった。そして韓国では、六二年五月にクーデターで権力を掌握した朴正熙政権が、外資導入を前提とした「第一次五か年計画」を掲げてその実施に着手したし、タイでは、サリット＝タノム政権が六一年以降「第一次六か年計画」を掲げてその実施のスタートを切った。

しかし、実施当初は計画を推進するスタッフの不足に象徴される機構の不備と関連して、スローガンとしては掲げられたものの、実態をともなわないままに推移した。こうした事態を救ったのは、六五年以降のベトナム戦争の激化とベトナム特需の増大であり、日本から東アジア諸国への借款の増加であった。ベトナム戦争でアメリカが支出した軍事費は年間二五〇―三〇〇億ドルに達し、そのうちベトナムに対するアメリカの経済援助は三六億ドル、ベトナム特需として東アジア諸国に流出したドルは三〇億ドルを越えたといわれる。★27 当時の日本の民間直接投資額が一・六億ドルで援助総額五億ドル弱だったことを考えると、★28 ベトナム特需にともなうドル散布がベトナム周辺諸国に与えた影響の大きさが理解できよう。このベトナム特需による景気回復によって、東アジアの国々は工業化の本格的なスタートを切ったのである。この工業化は、当初は輸入代替を主眼としていたが、六〇年代中期以降、次第に輸出指向に転換し、対米市場向け輸出品の生産による経済成長に邁進していった。このように、同じ工業化とはいっても、排他的経済圏を前提に軍需中心の工業化を展開した戦前のそれに比較すると、戦後の工業化は開放経済を前提に対米市場向け民需品輸出産業の育成を課題にしており、この点で戦前と戦後では決定的に違っていた。

この相違は、戦前と戦後の工業化実施過程の特徴にも影響を与え、両者の差異を生み出していった。戦後の場合、民需主体の工業化であるために、軍需中心の戦前と比較して技術は秘密の幅が薄く、そのぶん技術移転のスピードは速く、及ぼす範囲は広かった。したがって技術移転は戦前のように単に一部の熟練工に依存するのではなく広範な技能工の質に依存した。そのため戦後においては、戦前以上にこの技能工の質を規定する義務教育の普及が重要な意味をもったのである。一九六〇年代から八〇年代にかけて東アジアの義務教育は大幅な進展をみせたが、とりわけ韓国、台湾、シンガポールにおいて著しく、初・中等教育の推進のうえに高等教育が展開された。韓国、台湾は日本の植民地となる以前から高い教育水準を維持してきたが、植民地化過程で義務教育が強行され、戦後は独立後の国づくりをめざして高等教育の普及がおし進められた。こうした高い教育レベルを保持した国々が、八〇年代以降NIESと称されるにいたったのである。

戦前と戦後の技術移転の担い手の違いは、労働者統合のあり方の相違を生んだ。戦前の軍需主体の工業化の場合は、一部の熟練労働者を企業システムのなかに包摂すれば、彼らを媒介に全労働者の統合は完成した。しかし戦後の民需主体の工業化の場合には、技能工の質が問われるのにともない、彼らを含む全労働者を企業システムのなかに包摂する必要性が生みだされてきた。戦前と戦後の工業化政策の相違はその担い手である企業家集団の違いを生み出していった。戦前に植民地、半植民地、占領地での工業化を担った企業は、日本の新旧財閥企業に加え、それと関連をもつ日本進出あるいは地場の中小企業であった。ところが戦後の工業化を担った企業家集団は、「大東亜共栄圏」の崩壊とともに日本企業が植民地から撤収し、米英の主導下で「東北アジア経済圏」と「再版・東南アジア域内交易圏」が作られたこともあって、多くの場合は戦前のそれとは出自を異にした。

例えば韓国の場合、「四大財閥」と称された三星、現代、大宇、LGをみれば、三星電子、三星石油化学、三星総合建設などを基幹とする三星グループは、一九四八年の三星物産の創業をもってその始めとし、現代自動車、現代電子、現代総合商事などの重工業やプラント輸出に力点をおいた現代グループの創業は、一九四七年の現代建設をもってその起源とした。機械、建設、造船などに進出した大宇(アジア通貨危機でグループ解体)は、一九六七年の大宇実業をもってその嚆矢とし、電機、電子の両分野に強いLGは、一九四七年の楽喜化学と一九五六年の金星社にその祖をもっていた。いずれも「東北アジア経済圏」の形成過程で、アメリカの経済援助や韓国政府の経済政策と結び付いて企業活動を開始し、財閥へと成長していったのである。

台湾の場合も同様で、プラスチック、合板、化学繊維、石油化学に強い台湾最大の財閥である台湾プラスチックの創業は、一九五四年であるし、電機・電子関連の企業を多数有する大同グループの実質的なスタートは、一九四九年であった。ガラスの裕盛工業、バネの友聯車材、計器の裕器工業など台湾の自動車関連産業をおさえる裕隆グループは、一九五一年の台元紡織をもってその祖とし、オートバイの三陽グループは、一九五二年の三陽電機がその始まりであった。ここでも戦後の工業化を担った企業家集団の出発は「東北アジア経済圏」の形成と時期を同じくしていた。いずれにせよ、戦前と戦後では工業化の担い手に変化がみられた。★29

戦前と戦後のこうした相違を生み出した根底に土地改革の実施があった。台湾では一九四九年以降、アメリカの指導下で小作料の引き下げと上限の土地所有の制限により自作農の創設がなされ、土地改革が日本並みに行われた。韓国では五〇年以降、朝鮮戦争を経過して、なし崩しではあるが事実上地主がその力を失った。これらの国は農民の階層に平準化が生じ、教育水準の上昇と多数の企業家を輩出し、彼らが外資や外国技術の導入の窓口になり担い手となったのである。ところがこれとは逆に、フィリピンでは、マグサイサイが大統領だった一九五五年に土地改革法案が提出されたものの、彼の事故死とともに消滅し、以降歴代大統領は改革案を出してはうやむやに終わる歴史を繰り返した。インドネシアでも、スカルノ時代の一九六〇年に土地改革が着手されたものの、地主勢力の反対で進まず、一九六五年の「九・三〇事件」以降、スカルノに替って政治的実権を握ったスハルトの下では、この改革は事実上放棄されている。このように日本、韓国、台湾を除く（都市国家であるシンガポール、香港も除く）「東アジア経済圏」諸国では、土地改革は政治スローガンとしては叫ばれても、ついぞ具体的に実施されることなく終わっていた。★30

次に、両時期を通じて工業化の推進上で共通して重要だったのは強固な民衆統治機構の存在であった。この点で戦前の「大東亜共栄圏」下で展開された物資動員計画とその機構が、「東北アジア経済圏」から「東アジア経済圏」へと移行するなかで統治機構の一環に包摂されて存続し戦後は末端統治機構としてまた外資受入れ機構として機能していた韓国・台湾の事例は注目に値しよう。

地方行政機構についてみれば、韓国・台湾では地方行政機構がそのまま戦後も継承された。戦後韓国を占領した米軍は、ひとまず従来の朝鮮総督府の機構を温存し、地方行政機構をそのまま活用し、戦前からの道→郡→面→里→村といった地方行政機構を温存した。朝鮮戦争の結果、全土が戦場となり、人脈面で大きな変化が生まれたとはいえ、こうした地方支配の構造を崩す変革勢力が未成熟なままに、戦前からの金融組合、水利組合も基本的には戦後にまで継承され、農村の経済活動の要に位置し、警察機構もこれに付随して配置されていた。[31]

台湾の場合も戦前の地方行政機構が基本的に継承された。戦前の保甲制度は、戦後に里隣制度とその名称を変えるなど若干の変更はあるが、農会や警察機構も温存され、村落統治の構造に基本的変化はなかった。もっとも、戦後新たに国民党の組織が農村に作られており、それが農村統治に決定的な重みをもつという点での変化はあるが。[32]

工業化に重要な役割をはたす資金機構については、韓国や台湾では戦前の機構が名称を変えて継続し外資受入れ機構として重要な役割を演じていった。韓国では戦前の朝鮮銀行が、韓国銀行として継承され、戦前の朝鮮内の工業化に一定の役割を演じた朝鮮殖産銀行も、韓国産業銀行として再出発し、これらは外資金融に大きな役割を演じた。また戦前の東洋拓殖と金融組合は、合体して農業銀行と農協信用事業部として戦後の金融に重要な役割を演じた。[33]

台湾でも同様であった。戦前の金融機関はほとんど戦後に継承され外資受入れに一定の役割を演じた。戦前の台湾銀行、台湾儲蓄銀行、日本三和銀行の三行は省営台湾銀行に引き継がれたし、日本勧業銀行は台湾土地銀行に、台湾商工銀行は台湾第一商業銀行に、華南銀行は華南商業銀行に、彰化銀行は彰化商業銀行にそれぞれ引き継がれた。このほか主要な企業は国民党のもとで国営企業に再編成された。★34

このように韓国や台湾といった国や地域では、一九四五年までに日本の植民地下で作られた統治機構が、朝鮮戦争や土地改革で変容をとげたとはいえ、総力戦体制の下部機構はアメリカと戦後の政権の意図を反映し戦後の冷戦体制下で再編成されるかたちで持ち越され、それが機能と役割を変えつつも、戦後の工業化の課題を実現するための機構となっていったのである。

ところで一九七〇年代以降の韓国・台湾などでの経済成長とNIES化を可能にした条件について、さまざまな議論が展開されている。ある論者は後発性利益の享受の結果だという。あとから工業化した国は、先発国の開発した技術を容易に模倣、移転できるわけで、それが上手にできた国がNIESだというのである。典型は韓国で、新興財閥を中心とした巨大企業集団、韓国政府の「工業組織者」としての傑出した能力、「滅共統一」という強力な工業化イデオロギーがそれを可能にした、というのである。★32

戦後の工業化は日本に代わり権力の頂点に立った親米政権によってアメリカの極東戦略と連動しつつ推し進められた。日本の場合には、戦後一時期のアメリカ占領下の間接統治下と講和後の独立下で、政治勢力の継続性とともに戦中の総力戦体制の連続性が顕著であったのに対して、韓国や台湾の場合には日本の政治勢力の引き揚げと断絶により、総力戦体制は戦後新たに生まれた親米政治勢力に活用されたため、戦前との断絶面が著しく現れた。★35

第三節　「東アジア経済圏」の再編

しかし一九九〇年代に入るとこの「東アジア経済圏」は再編を余儀なくされる。なぜならこの「東アジア経済圏」そのものが、その初発から冷戦を大前提としたアメリカのアジア戦略の一環として形成されてきたからである。一九九〇年のソ連解体と東西冷戦の終結、グローバリゼーションの波の広がりは、この「東アジア経済圏」の前提条件の変更を意味した。さらに一九九〇年代以降の中国の台頭とアジア通貨危機後、このグローバリゼーションの風をうまく捉えた韓国の急成長は、日本を頂点とした「東アジア経済圏」を再編させ、「日・中・韓三か国鼎立」の経済圏へと変化した。したがって、もはやこの段階では、戦時中に日本が形成し、韓国や台湾に残した総力戦体制などは全く意味を持たない存在へと変容したのである。しかも一九八〇年代後半から韓国、台湾は次世代産業としてのIT産業の育成に全力をあげ、さらに韓国での盧泰愚の「六・二九宣言」（一九八七年）と台湾での戒厳令の解除（一九八七年）に象徴される政治の民主化と政権交代ルールの確立を契機として、このIT化を一層押し広げた。一方日本は、八〇年代後半対米経済摩擦の対応で新産業を育成できず、さらに九〇年代初頭冷戦期の「五五年体制」をポスト冷戦に対応する体制に再編できずに短期政権交代を繰り返している。中国・韓国はIT化で相対的遅れをとる日本を尻目に「三か国鼎立」構造を中韓両立構造に転換する動きを積極化させているのである。しかも二〇一一年の東日本大震災や同年のタイの大洪水の影響と折からの超円高が加重化するなかで、日本産業の韓国・中国・東南アジアへの海外移転が加速化するなかで「東アジア経済圏」は一層の変容を遂げ始めている。

〔注〕

（1）F・ヒルガート（山口和男・吾郷健二・本山美彦訳）『工業化の世界史――一八七〇―一九四〇年までの世界経済の動態』ミネルヴァ書房、一九七九年。

（2）南洋協会編『南方圏貿易統計表』日本評論社、一九四三年。

（3）山本有造『日本植民地経済史研究』名古屋大学出版会、一九九二年、一二七ページ。

（4）清水元「戦前期シンガポール・マラヤにおける邦人経済進出の形態」、橋谷弘「戦前期フィリピンにおける邦人経済進出の実態」、『アジア経済』第二六巻三号、一九八五年三月。

（5）名和統一『日本紡績業と原棉問題研究』大同書院、一九三七年。

（6）矢野暢『「南進」の系譜』中央公論社、一九七五年。

（7）ミラグロス・ゲレーロ「フィリピンにおける日米通商摩擦」、杉山信也、イアン・ブラウン編著『戦間期東南アジアの経済摩擦』同文館、一九九〇年。

（8）小林英夫『増補版「大東亜共栄圏」の形成と崩壊』第二篇第二章、第三篇第三章、御茶の水書房、二〇〇六年。

（9）中村隆英・原朗編『現代史資料 23 国家総動員1』みすず書房、一九七〇年、防衛庁防衛研修所戦史室『陸軍軍需動員（2）』朝雲新聞社、一九七〇年。田中申一『日本戦争経済秘史』コンピューター・エージ社、一九七五年。小林英夫「一五年戦争下の日本経済――物資動員計画と生産力拡充計画を中心に」、駒沢大学『経済学論集』第一六巻第一号、一九八四年六月、山崎志郎『戦時経済総動員体制の研究』

日本経済評論社、二〇一一年。

（10）Robert s. Walters, *American and Soviet Aid : A comparative Analysis*, University of Pittsburgh Press, 1970.

（11）Max F. Millikan and Walt W. Rostow, *A Proposal:Key to an Effective Foreign Policy*, New York, 1957. および佐々木隆爾『世界の中のアジアと日本』御茶の水書房、一九八八年。

（12）及川恒忠編『支那政治組織の研究』啓成社、一九三三年、七六〇―七六一ページ。土田哲夫「南京政府期の国家統合」、中国現代史研究会編『中国国民政府史の研究』汲古書院、一九八六年。

（13）『東北年鑑』瀋陽、東北文化社、一九三一年、三一二ページ以下。および東亜同文会調査編纂部『支那年鑑』一九二七年、三七二ページ。

（14）園田一亀『奉天省財政の研究』奉天盛京時報社、一九二七年、九五ページ以下。

（15）満洲帝国政府『満洲建国十年史』原書房、復刻版、一九六九年、六九五ページ。

（16）同上。

（17）同上。

（18）弘谷多喜夫・広川淑子「日本統治下の台湾・朝鮮における植民地教育政策の比較史的研究」、北海道大学『教育学部紀要』二二号、一九七三年、五六、六二ページ。

（19）津田真澂『年功的労使関係論』ミネルヴァ書房、一九六八年。

（20）小林前掲『増補版「大東亜共栄圏」の形成と崩壊』、三〇四ページ。小林英夫「一九三〇年代日本窒素肥料株式会社の朝鮮進出について」、山田秀雄編『植民地政治史の諸問題』アジア経済研究所、一九七三年。糟谷憲一「戦時経済と朝鮮における日窒財閥の展開」、『朝鮮史研究会論文集』一二号、一九七五年三月。大塩武『日窒コンツェルンの研究』日本経済評論社、一九八九年。任正爀編著『朝鮮近代科学技術史研究　開化期・植民地期の諸潮流』皓星社、二〇一〇年。

(21) 香島明雄「満洲における戦利品問題をめぐって」、『京都産業大学論集』第九巻第一号、一九八〇年一月。石井明「中国東北(旧満洲)の工鉱業資産をめぐる中ソ交渉」、『年報近代日本研究 4』山川出版社、一九八二年。

(22) 安秉直「一九三〇年代における朝鮮人労働者階級の特質」、中村哲ほか編『朝鮮近代の歴史像』日本評論社、一九八八年。同「植民地朝鮮の雇用構造に関する研究」、鄭在貞「朝鮮総督府鉄道局の雇用構造」、中村哲ほか編『朝鮮近代の経済構造』日本評論社、一九九〇年。

(23) 小林前掲『増補版「大東亜共栄圏」の形成と崩壊』、第三編第六章、第四編第四章。

(24) なお、以下の3及び4の東アジアの工業化と「東アジア経済圏」の形成に関する記述は、小林英夫『戦後日本資本主義と「東アジア経済圏」』御茶の水書房、一九八三年によっている。したがって必要と思われる点を除けば注は省略している。

(25) 岸の戦後の復活と高度成長の連関に関しては小林英夫『満鉄が生んだ日本型経済システム』教育評論社、二〇一二年を参照。

(26) 当初は農業近代化に充当されるはずの日韓基本条約の基金が浦項製鉄所に充当されるに到った経緯に関しては、小林英夫『日本企業のアジア展開――アジア通貨危機の歴史的背景』日本経済評論社、二〇〇〇年、一〇五―一〇六ページ参照。

(27) ベトナム戦争の記録編集委員会『ベトナム戦争の記録』大月書店、一九八八年、一五二ページ。

(28) 小林前掲『戦後日本資本主義と「東アジア経済圏」』、九一ページ。

(29) 伊藤正二編『発展途上国の財閥』アジア経済研究所、一九八三年。服部民夫『韓国の経営発展』文真堂、一九八八年。井上隆一郎『アジアのビッグビジネス』講談社、一九八九年。

(30) 劉進慶『戦後台湾経済分析』東京大学出版会、一九七五年。桜井浩『韓国農地改革の再検討』アジア

経済研究所、一九七六年。Russell King, *Land reform: A World Survey*, London 1977.

(31) 森田芳夫『朝鮮終戦の記録』巌南堂、一九六四年、二九一ページ。

(32) 石田浩『台湾漢人村落の社会経済構造』関西大学出版部、一九八五年など。

(33) 大韓金融団『韓国金融三〇年史』ソウル、一九七八年。

(34) 劉進慶前掲『戦後台湾経済分析』、一九七五年、二八—二九ページ。

(35) 小林英夫は、『「大東亜共栄圏」の形成と崩壊』に続いて上梓した『戦後日本資本主義と「東アジア経済圏」』の序章で「今日につらなる『東アジア経済圏』の起点、それを探し出すとすれば、東アジアの親米諸国が、アメリカの指導下で、いっせいに外資導入を軸に『自立経済』体制構築にふみきった一九六〇年代初頭の時点にもとめることができよう」(二ページ)と述べた。韓国に限定すれば、戦前と戦後の断絶面を強調した小林のこの主張に対して堀和生氏は、その著作『朝鮮工業化の史的分析』有斐閣、一九九五年のなかで、戦前・戦中の日本帝国による「大東亜共栄圏」と戦後のアメリカ主導の「東アジア経済圏」の間に連続性がないという小林の主張を取り上げて「小林の植民地研究は、同じ地域を扱ったその後の自分の戦後東アジア史と全く何らの内的連関性を持っていないのである」(同書一四ページ)と批判し、その連続面を強調した。堀氏の韓国経済史研究での戦前と戦後の連続的視点の提示についての理論的実証的誤謬、氏のマルクスの古典『資本論』に依拠した独特の「本源的蓄積論」や「資本主義成立論」、政策から「実態」分析への移行に関しての批判は、すでに小林英夫「序章　朝鮮・韓国工業化と電気事業の展開」、小林英夫・李光宰『朝鮮・韓国工業化と電力事業』つげ書房新社　二〇一一年で詳細に行った。したがって詳しくは、同書を参照願いたいが、一言でいえば、小林は、『戦後日本資本主義と「東アジア経済圏」』を上梓した時点から朝鮮・韓国では戦前と戦後に連続性はないと主張していたので、堀氏の的外れの批判には同意できない。それだけでなく二〇一二年八月に「社会経済史学会近畿部会夏季シンポジュウム」の通知によれば、戦前と戦後の連続断絶問題は「不毛の論争」だったと結論付けて、「日本帝国の解体はこの地域の社会経済に決定的に大きな変化を引き起こし、本国であった日本も全く新しい国際関係の構築を模索せざるを得なかった。韓国、台湾は強いナショナリズムをかかげ、植民地体制を解体して国民国家の建設、国民経済の形成に努めたが、極めて大きな困難に直面していた。巨視的に見れば一九五〇年代とは、日本帝国内で強固に結合されていた東アジア地域内の分業関係が一度崩壊してしまい、さまざまな葛藤や選択、試行錯誤の結果として、やがてパクス・アメリカーナのもとで太平洋を挟んだ新しい国際分業関係が形成されていく過渡期であった、ということができよう」と述べている。しかし、その主張は小林が『戦後日本資本主義と「東アジア経済圏」』で述べた点と何ら変わりはない。また本章で展開した論理とも大差はない。こうした記述から判断すると堀氏は戦前と戦後は東アジアを規定する工業化要因が異なるので朝鮮・韓国の場合は連続的ではないとする小林の断絶論の主張に同意したと判断することができる。その同意を隠ぺいするために連続断絶問題は「不毛の論争」として消し去りたかったものと推察される。これを「不毛の論争」と言うのならそうした「不毛な論争」を生み出した堀氏の「不毛な問題提起」こそ問題にされなければならないだろう。

あとがき

植民地研究に関するこれまでの筆者の仕事をまとめておきたいという希望は強くあったのだが、なかなか着手できないままに時間だけが経過した。しかし、第七章の注でふれた堀和生氏の『朝鮮工業化の史的分析』（有斐閣、一九九五年）のなかでの誤解だけは解いておきたいと考えて、あえて熟せぬままに一書をまとめた次第である。

まず、本書の初出論文を紹介しておく。

序章　書き下ろし

第一章「植民地経営の特質」（大江志乃夫他編『岩波講座　近代日本と植民地』第三巻、岩波書店、一九九三年）

第二章「『大東亜共栄圏』と日本企業」（和田春樹ほか編『岩波講座　東アジア近現代通史』6、岩波書店、二〇一一年）

第三章　「軍票工作と華興商業銀行」（伊牟田敏充編著『戦時体制下の金融構造』日本評論社、一九九一年）
第四章　「太平洋戦争への道」（『環』三二号、二〇〇八年）
第五章　「労務動員政策の展開」（疋田康行編『「南方共栄圏」』多賀出版、一九九五年）
第六章　「東南アジア占領地区での石原産業の活動」（同上書）
第七章　「東アジアの経済圏」（前掲『岩波講座　近代日本と植民地』第一巻）

第七章を除けば各章ともに大幅な書き換えは行わなかった。ただ第七章だけは堀和生氏との論争部分に関わる内容を含むものであるので、もとの論文では割愛した部分を『戦後日本資本主義と「東アジア経済圏」』の内容で、あえて補足することにした。論争点をより明確にするためのささやかな配慮である。

本書が、どんな評価を受けるかに関しては、読者諸兄のご批判を待つほかはない。

最後に、体調不良のため、社会評論社の編集者の新孝一さんにはご迷惑をおかけすることとなった。お詫びとともにお礼を申し上げたい。

二〇一二年八月　　小林英夫

小林英夫（こばやし・ひでお）

1943年生まれ。早稲田大学大学院アジア太平洋研究科教授。

東京都立大学大学院社会科学研究科博士課程修了。文学博士。

著書に『「大東亜共栄圏」の形成と崩壊』（御茶の水書房、1975年）、『戦後日本資本主義と「東アジア経済圏」』（同、1983年）、『昭和ファシストの群像』（校倉書房、1984年）、『植民地への企業進出——朝鮮会社令の分析』（柏書房、1994年）、『「日本株式会社」を創った男——宮崎正義の生涯』（小学館、1995年）、『日本軍政下の香港』（社会評論社、1996年）、『満鉄——「知の集団」の誕生と死』（吉川弘文館、1996年）、『戦後アジアと日本企業』（岩波新書、2001年）、『日中戦争と汪兆銘』（吉川弘文館、2003年）、『帝国日本と総力戦体制——戦前・戦後の連続とアジア』（有志舎、2004年）、『満州と自民党』（新潮新書、2005年）、『満鉄調査部の軌跡—— 1907-1945』（藤原書店、2006年）、『日中戦争』（講談社新書、2007年）、『〈満洲〉の歴史』（講談社新書、2008年）ほか。

共編著に『帝国という幻想——「大東亜共栄圏」の思想と現実』（青木書店、1998年）、『一九三〇年代のアジア社会論——「東亜協同体」論を中心とする言説空間の諸相』（社会評論社、2010年）、『朝鮮・韓国工業化と電力事業』（つげ書房新社、2011年）、『論戦「満洲国」・満鉄調査部事件——学問的論争の深まりを期して』（彩流社、2011年）ほか。

「大東亜共栄圏」と日本企業

2012年10月20日　初版第1刷発行

著　者＊小林英夫
装　幀＊後藤トシノブ
発行人＊松田健二
発行所＊株式会社社会評論社
東京都文京区本郷2-3-10
tel.03-3814-3861/fax.03-3818-2808
http://www.shahyo.com/
印刷・製本＊倉敷印刷株式会社

Printed in Japan